THE POMODORO TECHNIQUE
番茄工作法

冯孝来/著

中华工商联合出版社

图书在版编目（CIP）数据

番茄工作法 / 冯孝来著. -- 北京：中华工商联合出版社，2022.5
ISBN 978-7-5158-3426-9

Ⅰ.①番… Ⅱ.①冯… Ⅲ.①时间－管理－通俗读物 Ⅳ.①C935-49

中国版本图书馆CIP数据核字（2022）第087874号

番茄工作法

作　　者：	冯孝来
出 品 人：	李　梁
特约编辑：	黄光霞
责任编辑：	李　瑛　李红霞
排版设计：	水日方设计
责任审读：	付德华
责任印制：	迈致红
出版发行：	中华工商联合出版社有限责任公司
印　　刷：	北京毅峰迅捷印刷有限公司
版　　次：	2022年10月第1版
印　　次：	2022年10月第1次印刷
开　　本：	710mm×1020mm　1/16
字　　数：	180千字
印　　张：	13
书　　号：	ISBN 978-7-5158-3426-9
定　　价：	52.00元

服务热线：010－58301130－0（前台）
销售热线：010－58302977（网店部）
　　　　　010－58302166（门店部）
　　　　　010－58302837（馆配部、新媒体部）
　　　　　010－58302813（团购部）
地址邮编：北京市西城区西环广场A座
　　　　　19－20层，100044
http://www.chgslcbs.cn
投稿热线：010－58302907（总编室）
投稿邮箱：1621239583@qq.com

工商联版图书
版权所有　侵权必究

凡本社图书出现印装质量问题，请与印务部联系。
联系电话：010－58302915

序 言

每个人都想轻松地生活，每个人都想悠闲地享受假期。然而，在实际生活中，我们有太多的力不从心。工作中频繁地遭遇中断，日复一日的重复劳动，不断逼近的工作期限，常常让我们焦头烂额、心力交瘁。在各种压力叠加之下，我们陷入了恶性循环：压力产生了严重的拖延行为，接着产生更大的压力。我们疲于奔命，甚至无法专注、清醒地思考。

在当今的信息社会，这一现象越发严重。我们每天面对海量信息，很难集中注意力完成自己的工作或学习任务，专注度越来越差，任务一再拖延，焦虑感从不缺席。在压力和焦虑之下，我们的工作和学习效率极低。

弗朗西斯科·西里洛曾经亦是如此，受困于严重的拖延症，甚至无法完成学业。在此背景下，他发明了著名的"番茄工作法"，意在让人们驻足、观察、醒悟，并在此过程中改进自我。时间不再是绷紧的弦，反而变成同盟战友，帮我们将100%的心智专注在当下，避免不必要的压力和负担。使用番茄工作法，你的注意力将更集中，专注度更高，学习和工作效率也会更高。

番茄工作法是简单易行的时间管理方法。使用番茄工作法，选择一个待完成的任务，将番茄时间设为25分钟，专注工作，中途不允许做任何与该任务无关的事，直到番茄时钟响起，然后进行短暂休息（5分钟就行），然后再开始下一个番茄时间。每4个番茄时间为一组，之后可以多休息一会儿。番茄工作法不仅能极大地提升工作效率，还会让使用者获得意想不到的成就感。

番茄工作法和Scrum、XP等敏捷方法有些类似，然而，番茄工作法更关注"微观"层面。使用敏捷方法，生产率通常意味着在每个迭代完成了多少工作；而使用番茄工作法，生产率意味着每天完成了多少个番茄时间。要完成大量工作，重点在于能否集中注意力！

番茄工作法是一套简单的工具和流程，具有很多优点，而且，这些优点已经被成千上万的实践者验证。每一位认真实践番茄工作法的人，都享受到了番茄工作法带来的巨大益处。它可以帮助人们减轻焦虑感，集中注意力，增强决策意识，带来有效激励，巩固达成目标的决心，持续改进工作学习流程，强化决断力等。

总之，番茄工作法看似简单，也不难操作，但是却威力无穷，对那些"事情太多，时间太少"的人来说，番茄工作法是能轻松改变生活的方法。

二十多年来，番茄工作法风靡全球，成为最受欢迎的时间管理方法之一。在中国，也被罗振宇、李笑来、邹鑫、战隼等众多知名大咖推荐。不少人都表示，他们是借助番茄工作法，消灭了自己的拖延症，拯救了自己的专注力。本书旨在将番茄工作法在国内进行落地推广，使之更符合广大读者工作和学习的实际状况，从而更容易被接受与使用。文中如有不妥之处，还望广大读者批评指正。

今日待办任务表

日期：2022年8月1日

时间	事项名称	番茄记录	干扰记录
	读《寻找Gobi》	××× ×	
	写《寻找Gobi》读后感		
	背诵文言文《岳阳楼记》		
	背诵文言文《出师表》		
	计划外和紧急事件		
16:30	帮邻居王大爷喂猫		—
符号意义	完成× 预估番茄□ 第二次预估〇	内部干扰/	外部干扰-

活动清单

时间	事项名称	预估番茄数量
	读《寻找Gobi》	
	写《寻找Gobi》读后感	
	背诵文言文《岳阳楼记》	
	背诵文言文《出师表》	
	帮邻居王大爷喂猫U	
	做暑假出游计划	
	写日记	
符号意义	U表示计划外事件（时间）	预估番茄□

目录
CONTENTS

第一章 背景

① 多动 … 002
② 工作记忆 … 006
③ 心流 … 010
④ 这样激励才有效 … 014
⑤ 三步克服拖延症 … 019
⑥ 英雄主义和内疚 … 024
⑦ 形成条件反射有多可怕 … 028

第二章 启动专注的力量

① 拯救专注力的神奇魔法 … 032
② 颠覆你的时间观 … 036
③ 神奇的25分钟 … 040
④ 再重要的事也别急着开始 … 044

5　永远遵守自己的规则　　　　　　　　　　049

6　把外界干扰统统消灭掉　　　　　　　　054

7　运作完美的番茄钟　　　　　　　　　　058

第三章　方法比努力更重要

1　拒绝之前先尝试　　　　　　　　　　　064

2　任务太多，先列表格　　　　　　　　　069

3　在工作中插入休息时间　　　　　　　　075

4　放下是为了拿更多东西　　　　　　　　080

5　让过度学习保持你的节奏　　　　　　　084

6　建立直觉反馈　　　　　　　　　　　　088

7　给自己一个承诺　　　　　　　　　　　093

8　坚持不懈地工作是唯一的捷径　　　　　097

第四章　发生意外怎么办

1　天大的麻烦，先坚持下去　　　　　　　102

2　集中你的注意力　　　　　　　　　　　106

3　坚决不让内部中断扰乱番茄钟　　　　　111

4　下一个番茄时间我会做得更好　　　　　116

5　学会用内外归因制定解决方案　　　　　119

6　不要忽视你的能力上限　　　　　　　　123

第五章 不能忽略的风险评测

① 预估前先做好记录　　　　　　　　128
② 在计划中计算预估值　　　　　　　133
③ 如何准确地测量　　　　　　　　　137
④ 依靠集体智慧"神预测"　　　　　　142

第六章 反复检查解决方案

① 要灵活性更要有适应性　　　　　　148
② 寻找最合适的工具　　　　　　　　153
③ 学会管理进度　　　　　　　　　　157
④ 末位淘汰，砍掉累赘　　　　　　　161
⑤ 可视化记录便于梳理思维　　　　　165

第七章 帮助团队完成目标

① 和他人和谐相处　　　　　　　　　170
② 让小队在团队里显神威　　　　　　174
③ 准确把握互动节奏　　　　　　　　178
④ 打造团队的专属柜台　　　　　　　182
⑤ 黑客松工作法　　　　　　　　　　187
⑥ 用破城槌打破瓶颈　　　　　　　　192

后　记　　　　　　　　　　　　　　197

CHAPTER 1 第一章

背 景

番 茄 工 作 法

1 多动

对于"多动"这个词,你也许并不陌生。比如,看到某个孩子不能安静下来,总是喜欢不停地动,我们常常会说,这个孩子患有多动症。其实,"多动"不仅体现在孩子身上,许多成年人也会有多动的表现。多动到底是怎么回事呢?

"多动"属于心理学上的一种概念。心理学上是这样定义多动症的:注意缺陷障碍又称儿童多动综合征(hyperkinetic syndrome),简称多动症。多动症一般特发于儿童学前时期,活动量多是明显症状,表现出明显的注意缺陷障碍,如多动、注意力不集中、参与事件能力差,同时还会出现一些认知障碍和学习困难、智力基本正常等表现的一组综合征。世界卫生组织(WHO)在《国际疾病分类》第10版(ICD-10)中命名本病为儿童多动综合征。美国精神病学会《精神障碍诊断和统计手册》3版修订版

第一章 背景

（DSM-Ⅲ-R）则称为注意力缺陷-多动障碍（attention deficit hyperactivity disorder）。不难看出，多动症最明显的特征就是出现注意力缺陷。虽然这个概念主要指的是儿童多动症，但是，现在很多成年人其实也患有不同程度的多动症，人们无论在学习还是工作时总是无法集中注意力，这给成年人的工作和生活带来很大影响。那么，成年人多动症主要有哪些表现呢？

成人多动症主要表现为注意力缺陷、活动过度、坐立不安、情绪冲动或不稳定、学习社会功能受损等。临床特征与儿童期多动症相同，同时还会伴随着一些情感障碍、焦虑症等，这极大地影响人正常的社会功能。在所有这些症状中，最常见的表现之一就是注意力短暂、专注力薄弱、易随环境转移，不管是在玩的时候还是在学习或者工作的时候，他们总是表现出心不在焉，无法专注于当前的事情上。做事有始无终，对各方面的刺激都有反应，外面任何一点风吹草动，都会带走他们的注意力。有时，即便没有任何外界的刺激，他们往往也坐不住，无法让自己安静下来。

随着社会节奏越来越快，人们的工作压力越来越大，很多成年人都患有程度或轻或重的多动症。比如，开会时心不在焉、很难较长时间阅读文件、工作经常丢三落四……

其实，简单地说，若你经常感到自己很难在一项单一活动上全神贯注较长时间，就属于典型的多动症。当然，就像上文提到的，其他指标还包括情绪冲动或不稳定等行为表现。或许有的人会说，这是儿童时期的多动症逐渐发展造成的问题或者遗传的问题，即便如此，真正的问题并不在于这种情况是先天还是后天造成的，而是你可以为此做些什么？

一种理论认为，是因为大脑要弥补多巴胺产量的不足，从而增加了肾上腺素的生产，直接造成了人的多动。例如，当人们工作非常疲惫时，便会经常显现出多动型人群的类似症状：感觉疲惫无力，注意力很难集中起来。当然，这样的人或许并没有多动症，只是因为工作太过疲劳，需要通过一段时间的休息来获得新的能量。可能有的人会发现，在工作中如果要让注意力处于最佳状态，常常需要在每半小时之间进行短暂休息，每周安排不超过40小时的工作计划。其实这也是人们常常强调的劳逸结合，工作之余也需要充分休息。如果能够做到工作和休息恰当结合起来，采取可持续的步伐，人们便能在工作中卓有成效。

换句话说，即使没有患多动症的人，如果长时间工作，也会导致大脑使用过度，呈现出多动症的症状。那么，为了改善这种现象，就有人提出了番茄工作法的概念，并且在实践中非常有效。

番茄工作法的特点是连续工作25分钟，然后休息3~5分钟。一个番茄时间不能被中断，也就是说，在这25分钟里，你一定要纯粹地工作。而接下来的3~5分钟的休息则是让你和工作暂时脱钩，从工作中抽离，让大脑消化25分钟的学习所得。在这段短暂的休息时间里，你也可以做一些有益自己身心健康的事情。那么，这样一来，你便可以在下一个番茄时间做得更好。比如，你可以起身在房间里走一走，或者去喝点水，顺便计划下自己假期要去哪儿玩。或者，最简单的方式，你也可以做几个深呼吸，转转脖子和肩膀，伸个懒腰，让身体完全放松下来。如果可以的话，你还可以和同事讲几句轻松幽默的话，大家一起轻松一下。千万要记得的是，在这个短暂的休息时间，你不要去做一些继续消耗脑力的事情，它们只会阻碍和破坏大脑的整合过程，甚至导致你在接下来的工作时间里表现得更糟。

若你在3~5分钟的休息时间里，可以进行高效的整合和休息，你将重新获得充沛的精力，元气满满，你的下一个番茄钟也会完成得不错。

显然，番茄工作法能有效避免人们由于工作时间过长而出现注意力不集中、效率低下等表现。也许，有些人的确存在一些注意力缺陷，可能他们的注意力只能集中在较短的一段时间内，但是，经过人们反复实践发现，最理想的番茄时间为20~35分钟，最多也不超过40分钟，番茄时间为30分钟时效果最佳。番茄时间会让人保持清醒的意识、高度的注意力和清晰的思路。以20~35分钟为一个间隔，接下来进行短暂的休息，这样人的注意力最集中，脑力活动的效果也最大。

所以，如果你发现自己工作一段时间后也容易出现注意力不集中等表现，不妨尝试一下番茄工作法。番茄工作的时间可以根据你自己的具体情况来设置。但是，有一个要点就是，你在短暂的休息时间内必须让大脑真正地从工作中抽离，使其恢复活力。检验的方法就是，看看你在下一个番茄钟里是否能够专注地工作。如果你非常疲惫，下一次为自己安排的休息时间可以更长一些。如果你能保持一种可持续的节奏，那么你的专注度会更好，工作也一定会更加高效。

2 工作记忆

怎样记住7个以上数字的序列？阿兰·巴德利创建于1974年的理论体系，描述了大脑中用于暂存和处理信息的结构和程序。他是这样描述的，"中央执行器"控制我们的认知过程，对信息进行分门别类，它扮演的是首席执行官的角色。"语音回路"通过复述的方式存储我们看到的东西，不过，它的容量是很有限的，所以，短单词更容易记忆。"视空画板"上保存了我们所看到的信息，它帮助我们判断距离或进行视觉想象。"情节缓存"是一位多面手，它跨领域进行沟通，建立起统一的视觉、空间、语言和时序单元，对于长期记忆，它也是一位不错的帮手。

工作记忆是一个相当专业的名词，对于许多人而言，他们对这个词都会比较陌生。但是，工作记忆却频繁发生在他们的工作生活中，尤其是对人们的工作产生很大影响。那么，什么是工作记忆呢？它是一种对信息进行暂时加工和贮存的容量有限的记忆系统，它在许多复杂的认知活动中起重要作用。1974年，Baddeley和Hitch在模拟短时记忆障碍的实验基础上提出了工作记忆的三系统概念，用"工作记忆"（working memory, WM）替代原来的"短时记忆"（short-term memory, STM）概念。从此之后，工作记忆和短时记忆便被人们区分开来，产生了不同的意义和语境。工作记忆指的是一个容量有限的系统，它的功能是用来暂时保持和存储信息，是知觉、长时记忆和动作之间的接口，所以，工作记忆是思维过程的一个基础支撑结构。其实，工作记忆常常也指短时记忆，但它更强调短时记忆与当前人从事的工作联系。由于工作进行的需要，短时记忆的内容并不是固定不变的，而是不断变化的。除此之外，短时记忆还呈现出一定的系统性。随着时间的延续，短时记忆慢慢形成一个连续系统，这个连续系统便是人们说的工作记忆。大脑其实也是一种信息加工系统，经由模式识别，大脑将接收到的外界信息进行加工处理，并将其存放至长时记忆。以后，人们在进行认知活动时，由于需要长时记忆中的信息处于这种活动的状态，也就形成了工作记忆。或者说，工作记忆可以被理解为一个临时的心理"工作平台"，借由这个工作平台，人们对信息进行操作处理和组装，从而让人们可以理解语言，做出各种决策，并解决工作中的各种问题。从这个角度来看，可以将工作记忆理解为对必要成分的短时的、特殊的聚焦。

然而，工作记忆的容量是非常有限的。举个简单的例子，请你不妨细细地回想一下，平时在工作中，你能做到分心同时处理两个问题吗？如果你正忙于一项工作，然后出现了另外一件工作，你的注意力就会被带走，注意力突然转移到其他工作，等你回到刚才在做的工作上时，就得多花时间让自己回到轨道上来。很明显，这会导致工作效率的降低。这就是环境的频繁变化会降低生产力的原因。不过，这也是由工作记忆本身的特性决定的。可是，人们无论在学习还是工作中，很难保证不分心，不受外界事物的干扰。那么，要提升人们的工作效率，显然必须考虑到工作记忆的这个特性。在这一点上，番茄工作法可以帮助你，避免让有限的工作记忆成为瓶颈。那么，番茄工作法是怎么做到的呢？

在你运用番茄工作法的时候，首先要制作一份"活动清单"，这份清单中主要是记录等待你处理的各项活动，并没有任何顺序之分。接着，你需要根据活动清单制作"今日待办任务"表格。接下来，你便可以对照表格里的活动内容开启第一个番茄钟，在一个番茄时间里你永远只专注做一件事情。如果中间有任何干扰或者中断，番茄工作法也为你提供了处理这些中断或者干扰的方法，使你能够专注于当下的事情，以免被别的事情分神，带走注意力，陷入工作记忆瓶颈。

接下来要做的就是不停地工作，一个接一个地完成番茄时间，直到完成一天的工作时间，然后在"今日待办"工作表上将完成的任务逐一划掉。随着任务越来越少，你会越来越有成就感，工作也会越来越轻松。显然，这个过程中也不再有由于工作记忆容量有限带来的任何问题。如果一项任务完成了，但是一个番茄时间仍没有结束，你依然要坚守番茄工作法的规则：一个番茄时间必须有始有终。当然，你可以利用这个机会进行超量工作，或者做一些小小改进，记录下你的工作内容，直到番茄时钟响起。如果你的番茄时钟已经响起了，但是你在这个番茄时间安排的活动并没有完成，你也要停下手中的工作，将其另外再安排一个番茄时间，并适当调整你的作息时间表。

但是，若你守不住诱惑又或者事情真的非常紧急，你不得不中断番茄时间，那么，你唯一能做的就是将进行中的番茄时间作废。你应当始终记住，番茄工作法的法则是一个番茄时间不可拆分。这样就有效避免了你在同一个番茄时间处理两件不同的事情，从而陷入工作记忆容量有限的瓶颈之中。

3 心流

有一种精神状态叫作"心流"。"心流"这个概念最早是由米哈里·齐克森米哈里提出来的,他是这样描述心流的:对所做的事全身心投入的感受,心流产生的时候,会有高度的兴奋感和充实感。他曾仔细地观察了许多艺术家创作时的状态,发现他们在创作时有一个共同点,就是在创作的时候,常常忘记饥饿、疲劳和不适,灵感源源不绝,心灵却平静而灵活。然而,一旦作品完成,他们又掉回现实世界中。他曾经用"flow"这个单词来形容心流,这个词的含义是"流"。这个单词的确用得恰到好处,你可以想象一下海水中的洋流,一旦你进入,就不需要任何动作,只需要专注于保持浮力,水流就会带着你在大海里移动,如同进入看不见的通道。

心流是一种创造性的状态。在这个心流状态中,人们往往都表现得非常专注，注意力的表现也相当出色。那么，是不是保持心流的状态，效率就提高了？事实并非如此。因为，人一旦处于心流状态下，便会不自觉地缺乏全局观念，换句话说，创造力和统筹力这两者是无法共存的。那么，如何才能既兼顾全局又能让自己随时进入心流的状态呢？番茄工作法在此便可发挥奇妙的作用，使人们在工作时能够做到创造力和统筹力并存，最终让人们如愿以偿地提高工作效率。

番茄工作法的目标，其实是利用最简单的工具和方法来提高工作效率。它能够非常有效地帮助我们集中注意力，保持学习和休息的节奏，从而更加容易进入心流状态，最终提高效率。在运用番茄工作法时，你能够时不时地纵览全局进行战略决策，部署行动，以便能够在下一个心流期间全身心投入这项行动中。在进入心流阶段之前，你可以开启一个番茄钟，当这个番茄钟结束时，它会响铃，然后唤醒你，这样你可以暂时换上战略眼光，观察全局，然后再次回到心流中——这就是节奏。而且，更妙的是，你的创造力和统筹力竟然结合得如此完美。另外你要记住的是，为了获得心流状态，保持正襟危坐、全神贯注，肯定要比东张西望等待灵感有效得多。

那么，如何运用番茄工作法进入心流状态呢？

首先，你应当非常明确进入心流的目的是什么。目的更明确，活动也更有效。在番茄工作法中，你在"今日待办"任务表格中写下的一项活动就是你的目的。例如，你写下的活动是写一篇文章。那么，写这篇文章就是你的目的。如果你正在运用番茄工作法，那么，你会非常清楚，你的目的具体是什么。如果你没有明确的目的，不知道自己到底要完成什么任务，很难进入心流状态的。目的明确之后，接下来，你要将目标分解成一个个任务。为什么要将任务分解呢？因为目的常常是一项复杂的任务，而且过于笼统。将目标分解其实就是让任务细化，这样做的最大好处就是告诉你，在什么阶段应该做什么事情，提前做好规划。这样做既能让你从全局的角度进行把握，还非常有效地节省了思考接下来要做什么的时间。

例如，你打算写一篇文章，首先，你要想好写什么，然后列提纲，再找素材，再开始写，写完后修改。把每个流程一步步完成，照着流程进行就可以了。也许每一个流程都需要花费一个番茄钟的时间，那么，你可以把目标细分后的每一个活动填入"今日待办"任务表格，这样就会非常清晰，分解后的每一项任务也都非常清楚。

其次，带着目标找反馈。在运用番茄工作法的时候，你每完成一项活动，便在"今日待办"任务表格上将其划掉。而这张表格上剩下的活动就是等待你完成的。只要看一眼这张表格，你就可以及时知道自己的进度，了解自己与目标的距离。看着你离目标越来越近，是不是会越来越兴奋，越来越有干劲。这样做有利于刺激大脑因子，想迫不及待地完成目标。这也能够帮助你进入心流状态。

在你运用番茄工作法的时候，你会惊喜地发现，任何工作，都可以这样来进行。你先列好"今日待办"工作任务表格，随着番茄时间的进行，你完成了几项，还剩下几项，总是一目了然。总之，让自己时刻知道工作是在不断推进的，这意味着你离目标越来越近。

再次，番茄工作法强调的是在每一个番茄时间，要专注于当下的工作。也就是说，一次只做一件事情。平时我们做一件事之前，往往杂念太多，大脑里像有个小人一样在你耳边不停地嗡嗡，让你无法集中注意力。在番茄工作法中，将这种情况称为内部中断，它往往会影响工作效率，造成内耗。有时干扰是来自外部的，造成了外部中断。在多重干扰下，人的精力及心智的损耗远远大于专注状态。番茄工作法让我们可以把与当前任务无关的事统统放下，只专注于当下，拒绝内耗。大脑只是专注在当前正在做的事情，这是非常关键的，也是最重要的。进入心流本来就是非常不容易的，如果产生心流了，一旦被各种中断破坏就会非常可惜，所以要设立保护伞，将所有干扰统统隔绝在外，避免心流被破坏。只有及时清理来自内部或者外部的干扰因素，心流才能得以持续。唯有如此，你才能保证每一个番茄钟的工作效率。

4 这样激励才有效

工作需要激励。只有受到有效激励，员工才会更加努力地工作，并对工作产生持久的兴趣和热情，干劲十足。激励可以是外部的，也可以是内部的自我激励。但是，无论是自我激励还是外部激励，都应当以有效为前提，也就是说要能让人们产生对工作的热情。没有工作热情，就没有动力，也就没有工作效率。激励是如此重要，以至于人们对此进行专门研究，并产生了激励理论。从更加专业的角度来看，什么是激励呢？激励是用来描述影响员工工作努力的程度、目标和持久力的因素。如果仅仅只是看字面意思，激励便是激发和鼓励的意思，在管理工作中，激励可以被理解为调动人们积极性的过程。如果将其讲得再全面一些，激励便可以解释为：为了特定目的而去影响人们的内在需要或动机，从而强化、引导或改变人们行为的反复过程。在当今社会，任何管理者都特别重视激励的作用，积极构建专门的激励机制。任何组织都是由人创建、由人来管理的。因此人是决定组织成败的最关键因素。组织中人的积极性的高低，直接影响工作的绩效，并进一步影响整个组织的效益。试着想象一下，如果一个企业中每个员工都干劲十足、热情高涨，积极地投身于自己的工作，这样的企业必然会不断壮大。反之，若一个企业的员工毫无积极性，每天都是得过且过地混日子，那么企业也会显得毫无生机和活力，并一天天衰败下去。要激发人的工作积极性，激励是最有效的手段。激励虽然并不能直接对组织的利益有所贡献，但它却是组织目标得以实现的最可靠保障。

劳伦斯是哈佛大学工商管理学的教授，他在自己的一篇研究报告中提到一个结论，这个结论是针对5年内全球范围内500强企业的不同激励政策的效果进行对比后做出的：在普遍实行计时薪酬的企业中，员工仅能发挥自己能力的20%~30%；在能够充分激励员工并按业绩来分配收入的企业中，这一比例高达80%~90%。劳伦斯认为，管理的本质就是激励，因为激励能让员工充满活力。

好的激励从来不是仅用一种工具就能够实现的。比如，在创业初期的困境中，马云曾经一度只给下属发600元的月薪，即便是这么少的月薪，马云也常常无法及时发放给员工。可是，令人纳闷的是，为什么马云的得力干将没有一个离开？这是值得今天的管理者思考的。对管理而言，激励不仅是一种用人的艺术，更是一个优秀的领导者必备的职能之一。在制定激励制度时，你必须懂得哪些要素是必需的。除此之外，你还要遵循人的行为规律，制定符合人性客观需求的激励制度，采取多种方式来激发员工的积极性、主动性和创造性。并且，还要经常观察何种激励对员工更加有效，然后不断完善自己的激励机制。我们来看下面一个例子。

假设你刚刚接手了一个新的项目，而且这个项目非常有挑战性，它完全不同于你以往的工作，同时，它也不是那么容易就能完成的。在一开始，你并不能马上开始工作，而是要做大量的信息收集工作。信息收集完成后，你还要对这些信息进行分析。为了更好更全面地收集信息，你不得不和许多人进行沟通、谈话，利用各个渠道获得这些信息。可是，需要谈话的人如此之多，你发现仅仅"确定和谁谈话"本身就相当于一个庞大的项目了。然而，你并没有因此打退堂鼓，反而你对这份工作的挑战性感到十分满意。尽管此刻你面前的整个工作项目看起来毫无头绪，走进现实往往比看上去更加复杂，这反倒激发了你的兴趣，你十分庆幸自己遇到了如此有挑战的项目。很明显，这个项目的挑战性对你产生了激励作用。比起平时那些工作，这个项目带给你完全不一样的体验，几乎每一条信息都是独特的，没有任何重复，也没有任何多余的东西，这让你非常兴奋。在项目正式开始之前，你花了很长时间做准备。慢慢地，通过你不懈地努力，这个项目看起来不再是一团乱麻，工作脉络清晰可见。你内心升起一种成就感，毕竟这么复杂的项目如今也被你理清了脉络，你觉得任务越来越有趣。你对于它的积极性有增无减，甚至控制不住自己的工作热情。其实连你也不知道，自己到底是被什么力量激励着，但是，激励确实在你身上持续地发生作用，让你对这个项目保持着高度的热情。你难以想象，在某些环节上，你竟然能够不由自主地进入心流状态，它占据了你的大脑，吃饭的时候想着它，睡觉的时候也在思考它，你几乎欲罢不能，乐此不疲。这个项目的挑战性对你产生了如此强烈的激励效应，让你的工作热情居高不下。在这样的工作热情下，没过多久，你终于发现自己看透了整件事情，这个项目并不像最初看起来那么难。突然，你觉得它变得越来越乏味，你竟然慢慢丧失了兴趣，工作热情骤然减弱，激励效应正在慢慢减弱甚至褪去。你已经将最重要的部分完成了，但是，整个项目并没有完成，还有收尾工作在等着你。此时，你竟然提不起兴趣，之前的那种热情一去不复返。但是，收尾工作必须要完成，使做出的结果像模像样。这一次，因为激励不再发挥作用，即使是简单的收尾工作，你竟然需要很长时间做准备才能开始。和前面的工作效率相比，收尾工作的工作效率非常低下，形成了非常鲜明的对比。

在这个例子中，我们可以看到，激励是一种生理活动加剧的状态。无论是巅峰还是低谷，都不是最佳的激励方式。即使巅峰能让人兴奋，产生极大的积极性和工作热情，但是，你同样要承受低谷时的无趣和乏味，如果两两相抵，这样的激励并不奏效。相反，让工作保持一个可持续的步伐反而让激励更有效。番茄工作法正是如此，这也是番茄工作法总是能够激发人的动力的秘密所在。

可持续的节奏是番茄工作法的一个重要表现。你是否有这样的体验，如果你每天都能够完成几项不太复杂又不十分简单的任务，会感到自己竟然有高度的工作热情呢？对于番茄工作法而言，要实现这个效果其实非常简单，遵循如下的法则就行了：如果任务预计需要5到7个番茄时间，那就将这个任务分解开来吧，让它变成多个小任务，使你能够保持可持续的工作节奏；如果任务预计需要时间不够1个番茄时间，那就把它们累积起来，让它们组成一个番茄钟。复杂性并不是非常高的任务其实更加容易预测，并且量性预测的准确性也能提高。将庞大的任务进行分解，这样它们的增量价值就能提高我们完成目标的决心，并在无形中对我们产生很强的激励作用。

　　的确，在番茄工作法中，你看不到巅峰，也看不到低估，只有一个又一个接连不断的番茄钟。在这些可持续的番茄钟里，你完成了一项又一项任务，一个又一个小目标不知不觉被顺利完成了，这种持续增加的成就感难道不是让激励效应在你的内在持续发酵吗？这种可持续的步伐让你永远对工作保持兴趣和热情，对每一个番茄钟的任务都充满着动力，这应该就是你一直渴望看到的激励带来的效果吧。番茄工作法如今备受人们的欢迎，其中隐藏的激励效应是不容忽视的。番茄工作法并没有特别强调激励，然而，这种方法本身就是一种有效的激励方式，它以可持续的节奏帮你维持兴趣和热情，让你在每个番茄钟的动力最大化，这样的激励效果足以让人惊喜。

5 三步克服拖延症

当你想要掌握一种方法来提高工作效率的时候，你也许觉得自己还是个有上进心的人，或者认为自己是一个正在接近成功的人，但你是否想过根本原因是你得了某种病症，让你的工作方法本身就出了问题，所以才迫切地寻求破局的办法？

没错，这就是症结所在，你大概率患上了拖延症，它主要体现在三个方面：

第一，思想的巨人，行动的矮子。

这话听着噎人，但事实就是如此。你喜欢在纸上罗列出一大堆计划，每一条都演绎了教科书级的商业思维，然而它们从撰写的那一天开始就保持着初始形态，从来没有被实践过，理由却越来越丰富：这个计划还不够完善，我目前还腾不出时间，我想慢慢推进、从长计议……计划不变，世界却在变化，直到某些教科书级的点子变得烂大街，又开始制定一份新的计划。再或者，你忽然有一天热血沸腾，真的按照计划表上进行了实践，却发现理想和现实有差距，于是又开始慢慢修改，几个回合下来，你初始的激情早已荡然无存。

第二，缺乏惩罚机制。

真正的惩罚不是来自他人，而是源于你自己。你的老板可以扣你的奖金，可如果你不在乎那一点钱，这个惩罚就没什么实际效果。现实的情况是，只有你发自内心地被刺痛了、忏悔了，才能达到被惩罚的效果，那么这个惩罚的标准该如何制定呢？那就是无论做哪一件事都要设定一个最后期限，不要用"有时间就做""再等几天"来敷衍自己，没有明确的目标就永远不会有合理的惩罚。当你真的为自己设定了最后期限并设定惩罚机制后，比如一星期不准吃肉、今晚加班到12点等，你才能产生足够的压力和紧张，越是临近最后期限反而工作效率越高，注意力也会变得集中。

第三，不要看窗外的风景。

人生是一场旅行，同时也是一场封闭的修行。当你决心要做某件事的时候，除了和外界进行必要的沟通之外，最好不要把宝贵的精力投入到其他方面，因为很多时候你的懒惰、拖延都是外界给了你借口，比如闺蜜今晚约你吃火锅，比如同学明天聚会，你越是频繁地关注外面的风景，就越容易"丰富"自己的社交生活，让你宝贵的、用来工作的时间越来越少，而你却美其名曰是服从社会性，可这一切的罪魁祸首不是你自找的吗？

拖延症的危害不止于此，这些只是常见的几种症状。如今，很多人已经意识到它的可怕之处，所以都在迫切地寻找治愈它的良药。其实，最有效的良药就是科学的自我管理。

自我管理涉及多个方面，有思维层面的，有情绪层面，而我们集中要训练的就是注意力和自我认知，前者决定了我们能否抵抗外界的诱惑，后者决定我们能不能让"知行合一"，不把计划停留在纸面上，最后一个就是自我反省，它决定了我们愿不愿意进行适度的惩罚。

有人会抱怨自己天性烂漫，总是忍不住放飞自我，或者是想象力丰富，无法集中注意力，事实上这些都是在找借口，自我管理不存在天然的基因，每个人只要有意识地进行训练，都能养成这种能力，就像吸烟几十年的人也同样能戒掉烟一样。

那么，番茄工作法能不能克服拖延症呢？当然可以，针对拖延症上述三大表现，可以分成三个步骤来完成。

第一步，让计划从纸面走到现实。

根治这个症状的关键就是合理分配时间，因为你觉得计划难以落地，往往首先给出的借口是"时间不够""不到时候"等，所以就要把这个借口挡回去，让你在列出"to do today"（今天的工作计划）时，预留出一小段时间来完成纸面上的计划，哪怕不是马上落地，至少也是一个从思考到执行的转化过程，这样就会让你被逼着去执行计划，而且根据第一次的实践来敲定计划是否真的成熟、大概需要多少时间完成等，这样在制定第二天的计划表时会更明确，具体在表格中可以用"原始计划/执行日志/复盘分析"三个部分标注：原始计划就是最初的构想，执行日志是对实践的全程跟踪记录，复盘分析就是当天完成后的心得体会。有了这个过程，你就会被激发出完成计划的决心和信心。

第二步，勇于面对惩罚。

大多数人并不愿意进行自我惩罚，其根源是恐惧，所以我们要做的就是克服这种恐惧的心理，要硬着头皮制定最能惩罚自己的措施，不要设定一些无关痛痒的惩罚：明明不爱吃素就非要惩罚自己吃肉，明明是个"死宅"却惩罚自己一天不出屋子……为了逼你对自己下手，你可以从"橡皮筋厌恶治疗法"入手：每当自己排斥惩罚时，都用绑在手腕上的橡皮筋弹自己一下，用轻微的疼痛感逼着你正式执行惩罚措施。相信有了这个开头，接下来的障碍就容易跨越了。

第三步，彻底关闭"窗户"。

这里所说的"窗户"当然不是真正意义上的窗户，而是你对外界的关注度。当你看到好友发了去游乐场的朋友圈以后，可能会忍不住去问好不好玩，聊着聊着就忘记了手头的工作，所以你要做的是去想：他们现在的快乐暂时和我无关。要让你不断地产生负罪感和压力感，在心理不断暗示"我要等到这件工作完成后再去关注"，同时尽量保持注意力，也许当你真的完成工作之后，反而会失去当初体验一番的兴趣，因为你已经爱上并习惯现在的工作内容和节奏了。

番茄工作法看起来是在"压抑"人性，其实是在顺应天性，它并不是禁止你做某件事，而是在某个时间段内必须做某件事，这也是它克服拖延症的核心策略：允许你懒，但不是现在。所以，你要把番茄工作法当成一个理性的挚友而不是恶魔教练，它不会剥夺你的基本权利，更不会扼杀你的爱好，它只是在顺应人性的基础上进行理性的调和，让你将工作和娱乐有机地整合在你的计划中，立足当下，谋在未来。

6 英雄主义和内疚

在当今社会，加班是再正常不过的事情了，对很多人来说，这简直就是家常便饭。加班的原因有很多种，但不管哪种原因，加班都是超过正常上班时间的工作。当然，如果从心理方面来探讨加班的问题，加班其实是因为英雄主义和内疚，内疚是因为之前承诺要完成某项任务，结果到了下班时间却还没有完成，这便会形成一种内疚感，于是利用下班之后的时间来完成工作任务，同时感到自我牺牲带来的英雄主义快感。但实质上可能并不是这样，这里有一个冒牌英雄的故事，或许能让你得到一些启示。有一次，一个公司的员工犯了错误，为此深感内疚。他为了弥补自己犯下的错误，一直加班到凌晨四点。错误修复后，这位员工还专门发了一封电子邮件给该项目的负责人，解释自己已经修复了错误。第二天，这个员工因为其整晚加班成了公司的英雄，受到表扬。的确，这位员工整晚

第一章 背景

加班看起来的确是位了不起的拼命三郎，表现出了让人称道的英雄主义。但是，他对于工作本身的贡献却并未受到重视。

那么，由于英雄主义和内疚导致的加班真的有利于我们的工作吗？它对于我们工作效率的提升有任何帮助吗？换句话说，超时工作是否能提高工作的成效呢？这个问题一言难尽。但很多人都有利用信用卡购物的习惯，由于他们目前并没有足够的金钱购买眼下想要的东西，但信用卡可以帮到他们。所以，他们选择利用信用卡提前消费。其实，超时工作和这是一回事。利用信用卡消费的确可以满足你超前的欲求，但是，最终你还是要为这一切掏腰包，甚至还要支付额外的利息。超时工作也是这样。从时间管理的角度来看，超时工作并不值得提倡，从表面上看，它似乎是一种工作卖力的表现，是勤奋的代名词。实质上，你只要仔细衡量一下就会发现，工作中的产出并未因此得到提升。从长远的角度来看，人们在工作的时候更需要有一个可持续的步伐，这样的生产率才会更好。为何如此呢？因为我们进行工作的工具——大脑需要定期的休养。休息对于大脑来说是一种免费的营养，也是最重要的营养。大脑并不喜欢超时工作，它更喜欢劳逸结合的方式，这让它可以随时保持活力。大脑工作一段时间后会感到疲劳，需要一定的休息时间，这种休息既包括工作时间的短时间休息，也包括每天工作完成以后的较长时间休息。

番茄工作法极大地迎合了大脑的这种运作方式，它并不提倡利用加班来提高生产率，而是更倾向于可持续发展的步伐。在运用番茄工作法的时候，时间表是非常重要的，你不仅需要正确地制定这张表格，还需要给予它足够的尊重，否则，制定这张表格就变得毫无意义。时间表给使用它的人设置了界限，只要使用者能给予足够的重视，这张时间表便能发挥很强的督促作用，使人们在有限的时间里尽最大努力完成任务。这也正是番茄工作法的威力所在。

在番茄工作法的时间表中，工作时间和自由时间是严格区分开来的。工作时间很好理解，那么，自由时间是怎么一回事呢？自由时间是为那些非目标任务或者计划外活动准备的，也可以称之为休闲时间。休闲时间虽然并不直接带来生产率，却是大脑能量的加油站，它是生产率背后的力量。所以，休闲时间是不可替代的。你可以想象一下，如果一个人没有休闲时间，那么他的创造力、兴趣和好奇心就会全都消失掉，人们只能不停地消耗自己大脑的能量，直到将大脑的能量耗尽。所以，从这点上来看，超时工作就是占用了休闲时间，使大脑无法及时充电，补充能量。

时间表度量了一天的成果。在番茄工作法开始之前，我们需要认真地制定"今日待办任务"工作表。这张工作表制定好后，我们的目标就是按照这张时间表来高效完成每一项活动。不过，并非每次的工作都能恰好在预先安排的时间里完成。如果时间结束了，工作任务仍未完成，你或许会产生内疚感。暂时收起这种内疚感吧，你需要做的是认真检视一下造成这种现象的问题所在。并且在检视的过程中，我们还能获得一项信息，那就是在这一天当中，我们完成了多少个番茄时间。

其实，在使用番茄工作法的时候，我们完全不必为自己浪费了多少时间而感到内疚，而是应该将注意力放在我们完成的番茄时间个数上，这才是最重要的。这个信息是非常宝贵的，它会成为你安排第二天工作表的依据。当然，你也千万不要因为浪费了时间而内疚，然后奉行英雄主义的做法，这并不是一种聪明的选择。

然而，使用番茄工作法一段时间的人可能也会遇到这样的情况：十分重要的截止日期迫在眉睫，所以，你只有加班才能完成任务。那么，你可以将这样的超时编入你的时间表，用来暂时提高你的生产力。不过，你千万不能因此陷入恶性循环，所以，你最好不要连续加班超过五天。即使像加班这样的特殊时期，你也可以专门制定特别的时间表。加班无可避免地会导致一定时间内的生产力下降，所以，在这张特别的时间表中，你要给自己一定的恢复期，来为大脑补充能量，使自己的生产力能达到最佳状态。

7 形成条件反射有多可怕

早在20世纪初，俄罗斯生理学家巴甫洛夫在实验的基础上就提出了"经典条件反射"理论。该理论认为，重复性的反射作用可以强化动物的某种行为，然后慢慢形成一种习惯。具体而言，条件反射指的是原本没有任何联系的两件事物，由于长期一起出现，以致到了后来，其中一样东西出现的时候，人们便自然而然地联想到另外一样东西。其实，这便是有机体因信号的刺激而发生的反应。比如，铃声和狗分泌唾液是两件毫不相干的事情，然而，如果人们每次给狗喂食物之前都进行打铃，那么，一段时间以后，狗只要一听到铃声就会分泌唾液。这种由于铃声这个信号的刺激而发生的反应就叫作条件反射，而铃声则被称为条件刺激。

巴甫洛夫的条件反射学说，对研究学习的心理学家有很大影响，尤其是对美国的行为主义心理学的影响最大。1919年，行为主义的创始人美国心理学家J.B.沃森在他的《行为主义心理学》中，就采用了巴甫洛夫的条件反射概念，系统地阐述了他的行为主义心理学理论体系。他从行为主义的立场出发，认为心理学的研究对象是行为，而行为的基本构成因素就是刺激和反应。他把行为和反应分为遗传的反应和习惯的反应。他采用了条件反射的概念来说明习惯反应，认为一切复杂的习惯行为都是通过条件作用而逐渐形成的，他把它叫作条件反应、交替反应，并且把条件反射形成的程序和过程总称为条件作用，这就是沃森关于学习的条件作用说。从此以后，特别是自巴甫洛夫于1927年发表了《条件反射》以后，条件反射的研究就在美国盛行起来，许多行为主义心理学家都以条件反射的概念和方法来研究和说明行为的学习问题，把条件作用作为学习行为的基础。1930年以后，美国的新行为主义理论开始形成，这些新理论的核心也就是所谓的"条件作用"论。应当指出，沃森等人只是把巴甫洛夫的条件反射学说看成是条件反射形成的程序和过程而已，而其条件作用说同巴甫洛夫的条件反射学说在基本理论观点上是不同的。例如，巴甫洛夫的条件反射学说是研究和探索高级神经活动的生理规律的，他不否认意识、心理，他认为人因有第二信号系统的活动而与动物存在着本质的差别；而沃森等人则根本否认意识，把它归之于行为，他们仅仅注意肌肉和腺体的生理学而忽视大脑皮层的生理学，混淆人与动物的界限，抹杀其间的本质差别。所以，行为主义在条件作用的名称下，实际上把巴甫洛夫学说变成了行为主义的一个变种。其实，条件反射在日常生活中是非常常见的，人们的许多行为都受到条件反射作用的影响。举一些日常生活的简单例子：因为一个人每晚临睡前都要刷牙，所以，当他完成挤牙膏的动作时就已经困了；当学生一听到上课铃声，就赶紧进入上课准备状态；人们看到辣椒或者杨梅，就分泌唾液；在寒冷的冬天看到别人衣服穿得少，自己就会感觉到冷；一说考试，就有人开始紧张了……同样，在番茄工作法中，条件反射也在发生作用。

条件反射被人们用在许多领域，无论是有意识的，还是无意识的，条件反射的确在番茄工作法中发挥了巨大的作用。条件反射是人的大脑的一种反应，只要善于利用这种条件反射，它就能改善人们的生活、工作。番茄工作法便是积极地使用这种条件反射来改善人们工作状态的例子！

当你使用番茄时间工作法一段时间后，一套与之相关的条件反射便形成了。你已经通过番茄工作法训练了大脑，每天早晨的第一件事就是会自然地制作各种表格。当你一扭启番茄钟，便会将注意力集中到这个番茄钟的任务中，全身心地投入到工作当中。等到番茄钟响铃了，你的注意力便会自然而然地放松下来，这些都不需要任何有意识地干预，只需要让条件反射机制发生作用就行，毫不费力。实质上，不仅仅如此，就连你对于中断和干扰的处理方式也会变成一种条件反射。很多使用番茄工作法的人都说，久而久之，连咔嗒作响的声音也能加强自己的专注力。其实，这些都是条件反射。

其实，人们往往在刚开始使用番茄工作法的时候会非常不适应，不仅觉得法则太多，甚至还会有各种响铃的焦虑。但是，只要坚持使用一段时间，这些问题便统统消失了。之后的使用毫不费力，甚至成为非常自然的一种工作方式，这都是因为它们已经形成了条件反射，你的大脑已经完全适应了这种全新的时间管理方式。

CHAPTER 2
第二章

启动专注的力量

番 茄 工 作 法

1 拯救专注力的神奇魔法

现代社会的人们生存压力都非常大。虽然如今的生活水平提高了，可是，人们却经常感到沮丧，总是觉得自己做得不够好。好像不管自己怎么努力，却总是离目标很遥远。有时候，你明明想要专注地做自己的事情，但是总是有这样那样的事让你无法专注。时间流逝，你的工作进展却非常慢。你很无奈，因为竟然做不到让自己专注于目标。难道整个世界都串通好了要一直阻碍你拥有那种专注吗？你如果注意力分散、无法集中精力，就会变得越来越焦虑烦躁，甚至进行自我谴责。在现代社会，能够专注地做自己的事情的人真是太少了。你可以试着回顾自己的生活，在清醒的每一刻，你忙于应付来自外界的各种干扰，你的注意力被铺天盖地的广告占据，下一秒你的注意力可能就被父母或同事的期望所占据；也许你经常会有这样的梦魇，为了让自己有所成就定下了各种目标，

第二章　启动专注的力量

可是，不管你怎么努力，就是无法实现它们，难道你注定就一事无成吗？或者你可以想象一下，当你走进办公室，踌躇满志地准备专注于自己今天的工作。可是，一会儿同事来找你，一会儿领导来找你，如果你还能集中精力做到专注，那简直是奇迹。

专注力到底有多重要？著名的作家村上春树特别喜欢跑步，他曾经在自己的书中这样写道，"为什么跑步？为了专注力。就是把自己所拥有的有限才能，专注到必要的一点的能力，如果没有这个，什么重要的事情都无法达成。"一直以来，人们总是错误地认为，一个人最重要的能力是深入思考能力，并不断地发展自己的这种能力，然而，收效甚微。这其实是一种极大的误解，一个人最重要的能力，其实是他的专注力。这不是说思考能力不重要，思考能力自然是重要的，可是，专注力更加重要。因为，如果你可以专注地做一件事情，看一个问题，你会自然而然地转动大脑，开启自己的思考，而深入思考的能力也会在这个专注的过程中一步步培养起来。

简单地说，专注力就是一种心无杂念地专注于某个目标的能力，走路时专心走路，睡觉时专心睡觉，脑子里既不执着于过去发生的快事，也不忧虑未来可能的烦恼。

从古至今，一个人最难做的，就是专注于正在做的事情。一旦你能够专注于整个过程，不受外界的干扰，没有内心的焦躁，脚踏实地地全力以赴，那你就能像很多优秀的人那样，不仅把事情做好，还能享受到最大的幸福感。专注力从来都是一种稀缺的资源，既然稀缺，我们就有必要把专注力放在更重要的那些事情上。也许你会说，谁都知道要将专注力放在那些重要的事情上，关键是如何做到这一点呢？这太难了。有没有一种方法可以帮助人们做到这一点呢？答案是肯定的。番茄工作法就是这样的一种方法。为何番茄工作法对专注力有帮助呢？看看番茄工作法在训练专注力方面有哪些优势吧。

1. 培养觉察力

专注力本身就是一种意志力资源，然而，这种意志力资源却是非常容易被消耗的。当你没有把专注力放在当下所做的事情上的时候，你只需要很快觉察到这一点，知道自己没有专注，轻轻地提醒自己保持专注。慢慢地，你的专注力就会逐渐变强。番茄工作法的一个重要目的就是培养觉察力，让自己的意识能够专注于当下。如果有任何干扰或者中断，番茄工作法中也有相应的应对策略。而且，番茄工作法中的番茄钟就是专门为训练你的专注力而设定的。

2. 营造专注的氛围

要发展专注的能力，启动专注的力量，最有效的方式之一便是为自己营造专注的氛围。虽然有各种各样分心的事情，但是，你可以想办法将自己保护自己，让自己沉浸在一种专注的氛围之中。在自己的桌面上放一个番茄钟，在你的旁边放好"活动清单"表格和"今日待办任务"表格，这些都会在无形中营造出一种专注的氛围，时刻提醒你专注于眼前的工作。

3. 调成单任务工作模式

在工作中你可能有这样的体验，如果你的目标太大，反而很难专注在眼前的事情上。可能做一会儿工作，便想喝点水或者看看手机，反正工作一时半会儿也完不成。你会不知不觉地变得不那么专注。可是，如果你将目标分解成一个个单独的任务，并安排在每一个番茄钟，那么，你就非常清楚，在这个短短的番茄钟内你需要完成这项任务。你会自然而然地变得专注而投入。毕竟，每个番茄钟的时间都不长，只有半个小时左右，如果能在这短暂的番茄钟内完成一项目标，何尝不是一种成就呢？仅有这种想法就足以让你感到快乐，并变得专注，不是吗？

4. 劳逸结合

专注是非常消耗精力的，所以当你专注了一段时间之后，总是需要休息一下重新积蓄专注力。

在劳逸结合之下，我们的专注才会发挥最大的效应，创造最大的价值。可是，现在的人们总是不重视休息，一味拼命地工作，生怕浪费一分钟。要知道，人的大脑不是机器，身体也需要休息，没有休息的工作只会让人过度透支。当你拖着疲惫的大脑工作时，工作效率无论如何也是无法提升起来的。休息，是为了更好地专注。番茄工作法特别重视工作当中的休息时间，在休息的时候，让自己完全地放松下来，从工作中完全抽离，然后以充沛的精力开启下一个番茄钟。

应当说，番茄工作法是训练专注力非常有效的工具。当你的专注力提升了，工作效率和竞争力也自然得到提升。不要再花时间为自己糟糕的专注力感到沮丧，使用神奇的魔法，努力提升它吧！你一定会为自己的决定感到无比振奋的。

2 颠覆你的时间观

要培养专注力，你首先要了解自己的时间观。专注力的发展必须建立在正确的时间观之上。试着问一下自己，你的时间观是怎样的呢？其实，每个人都有自己的时间观。时间观不同，人们的行为也是不同的。因为时间观和每个人的人生观也是息息相关的。

鲁迅先生曾说，"时间，每天得到都是24小时，可是一天的时间给勤勉的人带来智慧与力量，给懒散的人只能留下悔恨。"他的这段话非常精辟地点出了两种不同的人的时间观及其带来的不同结果。简单地说，时间观就是每个人对时间的根本看法和态度。时间一去不复返，关于时间的格言也非常多，像"一寸光阴一寸金，寸金难买寸光阴""最严重的浪费就是时间的浪费""与时间抗争者面对的是一个刀枪不进的敌手"等。时间之所以宝贵，是因为人的生命是以时间来计算，时间就是生命。当一个人的生命结束的时候，对他来说，所有的时间也就消逝了。古往今来，大凡有成就的人都非常珍惜时间，也懂得如何利用时间，成为时间的主人。鲁迅把别人用来喝咖啡的时间都用在了工作上，他的一生给我们留下近700万字的著作。爱迪生一走进实验室就全神贯注，有一次竟连续36个小时不出实验室，他给人类留下了1000余种发明。相反，还有一些人却总是今日事拖到明天办，到了明天又拖到后天，或者整日消磨在吃喝玩乐之中。这种人只能虚度年华，碌碌无为，留下一片悔恨。

时间的确是非常重要的，尤其是在现代社会中，每个人都在和时间赛跑，每个人都觉得时间不够用，恨不得把一分钟当成三分钟来用。从早上睁开眼睛的那一刻直到晚上熄灯睡觉的那一刻，人们永远都在赶时间，时间成为每个人最宝贵的资源。这种分秒必争的精神固然可嘉，可是，人们逐渐变得越来越焦虑，压力越来越大，甚至发展为严重的拖延症，这是人们和时间赛跑的必然结果。每个人都身心疲惫，最后，人们只能不断拖延，然后陷入更大的压力之中。这是一种恶性循环。番茄工作法的发明者曾经也陷入这种恶性循环的梦魇。幸运的是，他发明了番茄工作法，颠覆了对时间的认识，学习和工作的效率也明显提高。那么，番茄工作法中的时间观是怎样的呢？

每一个番茄时间都是非常重要的。番茄工作法的目标其实就是要发展人们重新认识时间。你无须和时间竞赛。和时间赛跑，是很多人都在做的事情。可是，没有人能跑得过时间。当你运用番茄工作法的时候，如果你已经知道如何有意识地运用时间，那么，时间便是你用来提高工作效率的工具。始终要记住你的目标，那就是培养良好的觉察能力，时间只是你实现这个目标的工具而已。无论做任何事情，你都没有必要和工具一较高下，对待时间也是如此。然而，你是否会忍不住和时间竞赛呢？比如，你经常会想挑战自己，尽可能地在一天当中多完成几个番茄时间。可是，在这场竞赛中，你永远只能是输家，千万不要和时间较劲，你的注意力应当专注于眼前的工作，这才是最重要的。否则，你就是本末倒置了。或许你会说，你常常控制不住自己，没关系，只要你觉察到自己在和时间竞赛，那就暂时停下来。

将休息时间看得比工作同等重要。在很多人的观念中，休息和工作毫无关系，这是两码事。有的人恨不得永远都不休息，认为休息就是在浪费生命。这是对休息完全错误的认知。然而，如果你在运用番茄时间，你就应当刷新对休息时间的认识。在番茄工作法中，休息是必不可少而且必须被重视的，它和每个番茄钟同等重要。一个番茄钟结束后，你必然会感到疲倦。高效而充分的休息能让你重新恢复活力，下一个番茄钟的工作效率也能得到保证。休息是为了高效地工作，你必须尊重休息的法则。如果你不能好好休息，就无法好好工作。应该说，是否休息是由大脑决定的。大脑无法不停地工作，如果不休息，它的能量就会枯竭。如果你真正明白这一点，就会把休息看得与工作一样重要，甚至将它当成工作的一部分。

一次完成一个目标。番茄工作法被细分成一系列增量性质的目标。在没有使用番茄工作法之前，你是如何工作的呢？或许你也会有自己的工作目标，但是它是作为整体出现的。在番茄工作法中，大目标被细分成许许多多的小目标。当你慢慢地完成一个个的小目标，大目标也就最后被完成了。每一个番茄钟完成一个小目标，这会让你获得成就感和心理上的轻松感。每完成一个目标，你就离最后的目标更近一步，还有比这种感觉更好的吗？一次只需要完成一个目标，只需要专注当下，做好眼前的事情，就是如此简单。

不要去赶时间。每天，人们一进入办公室便开始计划当天的工作，然后赶紧投入工作当中，希望自己在下班前能够赶完当天的工作。人们永远在赶时间，时间永远都不够用。所以，现代人永远都是焦虑的，在办公室里奔忙，生怕自己跟不上这个超快的节奏。人们每天都像陀螺般运转，似乎永远都没有时间停下来，忙不完的事情无休无止。然而，当你使用番茄工作法时，你会发现事情完全变了样。你的目标不是在最短时间内完成番茄工作法的所有目标，前面已经讲过，和时间竞赛永远都是徒劳的，你注定是输家。试着让自己慢下来吧，别和时间赛跑了。既然比不过时间，那就放弃好了。慢下来，你才不会淹没在快节奏的洪流之中。试着享受你的工作。快乐并不是来自匆匆赶往下一个任务的路上，而是来自能清醒地体验手头上的工作正在被一点一点完成。你会发现，从容地工作绝对比焦虑地工作舒服得多，而且更加高效。

3 神奇的25分钟

你了解自己的专注力吗？你是否测算过自己能专注地工作多长时间呢？你可以尝试观察一下自己，当你工作几分钟后，是不是想看看电子邮件，或者喝杯咖啡、看看手机？你会发现，自己竟然无法将注意力专注在一件事情上很长时间，甚至专注半个小时都非常困难，难怪你因此不能成为高效能人士？然而，专注的力量是非常重要的。你越专注，学习效率或者工作效率就会更高，你离成功的距离也就越近。也许你早就知道这一点，只是不知道如何启动专注的力量。那么，试试番茄工作法吧，番茄工作法里神奇的25分钟可以帮你开启专注的力量。

利用番茄工作法来进行工作，其实非常简单，你只需要记住三条原则：

第一，从你要做的事情中，选择一项最重要的，作为你当前的工作，也就是说，你要保证你目前所做的永远是最重要的事情。

第二，设定一个25分钟的计时，作为你的工作时间，这也就是所谓的番茄时间。

第三，工作25分钟之后，休息5分钟，这5分钟你必须完全放下工作，可以去喝口水、听听音乐或者眯一会儿，总之要真正去休息，让大脑得到完全地放松。

是不是非常简单？只要坚持如此循环，你就掌握了番茄工作法的最核心的要点。然而，如果你认为番茄工作法实在太过简单而放弃尝试的机会，那就大错特错了。有时候，简单的方法往往是最有效的。你不妨挑战一下自己，看看自己能否做到25分钟完全专注于自己的工作。

你的内心可能有这样的疑惑，每隔25分钟就休息一次，这样会不会太慢了，会不会影响自己的工作效率呢？你甚至会觉得，自己能连续工作两个小时，这25分钟不过是刚刚进入工作状态呢。姑且先放下心中的疑惑吧，你完全不必有这样的担心，25分钟的时间，是经过许多使用过番茄工作法的人实践和反馈才确定的。以25分钟作为一个番茄钟，会有很多好处，最大的好处就是能够帮你启动专注的力量。下面，来了解一下25分钟有哪些神奇的好处吧。

第一个好处是，25分钟的时间，会让你变得更容易开始，而不会陷入拖延。

你不妨试着回顾一下，自己是否有过拖延的时候呢？自己最容易拖延的是什么时候呢？是不是那些不容易看到终点的工作。例如，现在你有一项工作，是需要持续好几天甚至几个星期才能完成的，你会自然而然地陷入拖延之中，因为你觉得离完成任务的最后期限还比较遥远。所以，现在拖延一下也无妨，以后赶一赶就是了。可是你会发现，任务交期越来越近，你却变得越来越焦虑，无心工作，继续陷入拖延之中。其实，就算是一项工作仅仅需要花费数十个小时就能完成，也非常容易引起拖延症的发作。人们都容易产生这样的心理，若人们面对的是一场马拉松比赛，那么，无论是跑得快还是跑得慢，一时半会儿我们也到不了终点，既然这样，还不如慢慢来，保存体力。可是，如果人们面对的是100米的比赛，反而想都不想就赶紧冲刺。因此，把番茄钟设定为25分钟，其实就是帮助人们将马拉松式的工作拆解成一段段的百米赛跑。自然，人们就能克服拖延症，用冲刺的心态高效工作了。当你面对着一个个仅仅需要25分钟的工作时，一般都会马上进行处理，毕竟，25分钟就能处理完，是完全没有必要继续拖下去的。其实，这都是人的心理作用，短暂简单的任务反而能让人们积极主动地去完成。

第二个好处是，25分钟的时间，可以帮助我们启动专注的力量。

也许你根本就不了解自己能够专注多久，但是，你肯定能够深刻地体会到，自己的工作实在是太容易被打断了。有时候是自己的注意力无法集中，各种思绪纷纷扰扰，有时则是外界环境的干扰，你发现自己想要专注地工作，竟然是非常困难的。比如，今天你已经下定了决心，要用整整两个小时来完成一项工作。没想到，你刚开始工作不到十几分钟，上司又给你安排了新的紧急任务，或者你的同事过来找你谈其他的工作，你难道让他们等两个小时再来找你吗？你有这样的勇气来拒绝上司吗？你能直接拒绝同事的求助吗？

可是，如果你放下自己的工作去处理新的任务，那么你的计划又全乱套了，你又会觉得十分沮丧甚至非常焦虑，产生巨大的心理压力。但是，若以25分钟作为一个番茄钟而不是两个小时，你的时间就可以安排得更加灵活，也不那么容易被别人打扰了。例如，当你正在完成一个番茄钟的时候，如果有同事来找你，你完全可以让同事等十几分钟或者二十分钟，这绝对比让同事等一个多小时好处理得多。即便是你的领导，可能也不会介意先给你十几分钟先完成你自己的工作。慢慢地，你的25分钟就没那么容易被中断破坏掉，而你也能在这25分钟里专注地工作，培养并发展自己专注的力量。

总之，用25分钟作为一个番茄钟，让我们无论在面对内心的拖延，还是外界的打扰时，都可以更从容地应对，这也是番茄工作法最有价值的一个创新。这里需要强调的一点是，一个番茄钟是不可以被打破的。如果你在一个番茄钟内做了其他的事情，比如你写了15分钟的报告，就忍不住去刷淘宝，那么这个番茄钟就是无效的，你必须将其作废。之所以这样，就是为了让我们养成习惯，以番茄钟作为基本的时间单位。当然，如果你发现自己的注意力不能持续25分钟，或者你的工作真的是常常被打扰，那么你可以根据自己的情况，适当调整一个番茄钟的时间长度，比如可以设定为15分钟。但是请记住，一旦设定好番茄钟的时间，在这个时间内，就要认真完成当下的任务，坚决捍卫自己的番茄钟不被打扰。

4 再重要的事也别急着开始

在你每天的工作当中是不是总有那么一两件很重要的事情呢？你是不是像很多人一样，一走进办公室，就赶紧打开电脑，开始着手做这件你认为很重要的事。可是，当你做着做着，却发现今天还有许多事情不得不做，各种干扰不断，你根本就无法专注到眼前的事情上面。你一边做着手头的事，大脑里一边还在不停地自问，剩下的事情该怎么办呢？如果今天完不成，那该怎么办呢？以这样的状态，你是无法专注地进行眼前的工作的。你心里始终在为那些还没有做的事担忧，一心二用。还有些人，明明知道自己今天有很重要的事，可是，对于每天的工作如何开始，却经常很犯难。或者感觉总是千头万绪，有无数的事要做，这也重要，那也重要，苦于分身乏术。到底该先做哪件事呢？你一时半会儿还真拿不定主意。你仍在犹豫不决，时间却在一分一秒地流逝。于是，还没等真正开始做什么，突然发现该吃午饭了。就这样，一个上午的时间，你什么都没干，可是心理上却非常焦虑，感觉身心疲惫，估计下午你的工作状态也不会好到哪里去，也很难专注地工作。

像上面两种情况，几乎就是很多人的工作现状，也难怪人们总是无法专注地工作。你急切地想要改善这种状况，那么，请谨记，再重要的事情也别着急开始，越是重要的事情越要注意方法，让自己慢下来。运用番茄工作法吧。

刚刚开始使用番茄工作法的人常常有这样的误解，每天的第一件事不是着手眼前的工作，而是制定各种表格，"活动清单"表格，"今日待办任务"表格。而且，你还需要花费时间预估每项工作需要的番茄钟个数。这难道不是浪费时间吗？俗话说，磨刀不误砍柴工；凡事预则立，不预则废，说的其实就是这个道理。与其手忙脚乱地投入到你所认为的重要的事情当中，还不如先对今天的事情进行规划，做到心中有数，为每项活动合理地安排好番茄钟。试着体验一下吧，不要为做计划花费的时间感到心痛。等你熟练了以后，你制定各种表格所耗费的时间也许还不到一个番茄钟。就算你是一个惜时如金的人，也千万不要认为这是在浪费时间。允许自己去体验，每天的第一个番茄钟用来对全天的工作进行规划，认真地制定好各种表格。做计划是番茄工作法的重要组成部分，事实上，大部分人在做计划的时候，一般都没什么根据，可以说他们的计划往往都是空想出来的。要做出实际的计划，就必须非常了解自己真正的工作环境，了解真实的工作状态。仅凭主观做出来的计划往往是一厢情愿的，这样的计划也往往在实际工作中难以实现。而借助番茄工作法，尤其是我们积累下来的记录之后，就更容易做出切实可行的计划，更好地帮助我们启动专注的力量。

那么，番茄工作法中的以往的记录，如何来帮助我们制定更好的工作计划呢？一般来说，你需要做好以下三步：

第一步，认真地整理你收到的各种临时任务，并将其写入你的活动清单表格。此刻，你不必按照紧急和重要程度进行排序，只是简单地写入你的活动清单表格即可。

第二步，回顾你之前所做的跟踪记录，看一看你为自己设定的每项任务实际花费的番茄钟有多少个。若你发现完成某一项任务竟然耗费了7个以上的番茄钟，那就说明你为自己设定的任务太复杂了。这样的大任务完全不符合番茄工作法，还是进行合理地拆分吧。无论多么重要的任务，都是可以进行拆分的，因为这只是形式上的变化而已。当任务一点点被拆分，就好像我们为一次长征设定了一个个小终点，向着每一个小终点冲刺的时候，我们才会更有干劲，更加专注。

第三步，回顾一下，在以往的工作中，你遇到的中断情况如何？又是哪些人、哪些事经常来干扰你呢？你在哪个时间段最容易造成中断？若中断是来自自己内部的，比如说像情绪上的感染，自制力的问题等，那么，你可以每周给自己设定一个小目标，比如本周允许自己内部中断15次，到下周，就可以设定为12次，慢慢地鼓励自己，提升自己，让来自内部的中断越来越少。如果你能明显感到自己的进步，这也会极大地增强你的自信心，工作中的自信心也有助于专注度的提升。若中断是来自外部的，那么，你也可以简单地分析一下，自己在哪个时间段最受人们"欢迎"，会因为外部的哪些事情经常被打断，会因为哪些人而被打断，然后，制定相应的解决之道。举个例子，如果你发现在某个时间段，常常会有大量临时任务涌进来对你进行干扰，那你就将这个时间段空出来吧，为那些干扰预留一些时间，免得被这些干扰扰乱了工作节奏。当你对番茄工作法用得越来越纯熟，便会做到熟能生巧。渐渐地，你几乎就可以知道自己做每项活动大概需要多少时间。你可以尝试预估自己完成任务所需的时间，在列出待办事项之后，先预估一下需要多少个番茄钟才能完成，再和实际的结果进行对照，久而久之，你就会产生一种对于时间的精准把控，你也就进入了时间管理的更高境界。当你对一天的工作越来越了解，做到心中有数，便不会再手忙脚乱，而是能静下心来专注于眼前的工作。

不过，单单只是整理出一个长长的工作清单并不能解决所有问题，选择才是最重要的，这也是问题的关键所在。在当下这一刻，你只能做其中一项活动，这意味着你决定暂时不去做积压清单里其他几百项活动。那么，遇到重要的事情怎么办。很简单，将最重要的工作排到第一位，然后全力以赴地投入，你也不必为其他积压的活动担忧，因为每项活动都有自己的番茄钟，不是吗？于是，你便会有一种脚踏实地的安全感。如果不这样做，你的注意力则会一直被这样的问题扰乱："我现在真的在做最重要的事吗？"所以，每天早晨你可以先纵览整个积压的工作清单，并从其中选出最重要的一项活动，在一小段时间内尽情地与之共舞吧，试图享受专注的快乐。之后，你大可以再重新评估它是否仍然是最重要的。试试转换自己的思维，将"必须得做完"换成"从哪里开始"，将"这个项目很大很重要"换成"我可以走出一小步"，看看自己会有什么样的体验。

最后提醒一句，再重要的事情也别着急开始。当然，如果你是番茄工作法的践行者，并能诚实地遵照番茄工作法的规则，你通常不会这样做。或许，你自己也终将深刻地体会到工作之前认真地做好规划才是最重要的，才能专注地将重要的事情真正做好。

5 永远遵守自己的规则

常常听到人们感叹自己缺乏专注力，总是很容易被外界的各种事物带走，无法专心致志地做自己的事情。用一个比较流行的词来说，就是缺乏自律。一个自律的人，会永远遵守自己的规则。反之，不懂得自律的人，就很容易受外界影响而放弃自己的规则。

有人说，自律就是自由。或许你根本就不赞成这个说法，甚至许多人都不赞成这个说法。你觉得这太离谱了，自律怎么等同于自由呢，自律的人应该没有自由才对。你看，你明明决定每天早上写一千字来提升自己的写作能力，可是，你每天早上都起不来，你的决定和计划全都是一纸空谈。你的一个朋友也和你作了一样的决定，但是，他却坚持每天早上写一千字，于是，他的写作能力得到了提升，并因此成长为自由作家，从此，他成了有钱有闲的自由人，而你仍然每天追赶着公交车，过着朝九晚五疲于奔命的生活。

到底是谁更自由？如同《高效能人士的七个习惯》所写的那样："不自律的人就是情绪、欲望和感情的奴隶。"显然，从长远的角度来看，不自律的人是缺乏自由的。如果一个人不遵守自己的规则，那么他也无法得到随之而来的独特技能和能力。如果你在工作中一味地放任自己，则很可能发展出拖延症。

大凡成功的人士往往都会遵守自己的规则，表现出高度的自律。自律指的是，在那一时刻，是你的想法决定你的行为。不自律的人常常用自己的感情来决定自己的行为。在对你的一生有很大影响的大事情面前，自律常常意味着牺牲乐趣和避免一时的冲动。因此，是自律驱使你做到：即使在最初的热情褪去后，仍然继续完成一个想法或者项目；即使你非常想躺在沙发上看电视，然而，你仍然坚守自己的规则去健身房健身；或者早上五点钟时，当闹钟响起，温暖的被窝也无法阻止高度自律的你早起工作；当你正在按计划工作时，朋友来约你逛街，你坚决说"不"；只在每天的特定时间有限次地查看你的邮箱；你坚决将手机放在一边，不让自己动不动就浏览网页，专注于手头的事情……

看起来，遵守自己的规则并不容易。毕竟，在这个社会上，高度自律的人总是少之又少，否则，这个社会上优秀的人物会多如牛毛。而且，懂得遵守自己规则的人一般都表现得更加专注，他们往往不会轻易被外界干扰，而是专注于自己的事情。人们明明非常清楚自律的重要性，可是就是做不到；明明非常羡慕那些因为坚守规则而不断成长的人，自己却仍然控制不住去刷手机、刷网页，看着自己一事无成却又无能为力，只能自甘平庸。如果你真的想成为一个自律的人，成为一个想要永远遵守自己规则的人，那就试试番茄工作法吧。这并不困难，你只需要遵守它的法则，其实，到了后来，那也会变成你自己的规则。不断地训练自己，你终将成为一个善于遵守规则的自律的人，这也让你变得更加专注于自己的事情。

当你刚刚使用番茄工作法时，你也许会有这样的错觉。番茄工作法对人的约束太多了，又要做各种表格，又要在固定的番茄钟里工作，还要遵守休息法则……这些条条框框让你感受到太多限制。你也许还觉得自己这种自由散漫的性格根本就不适合番茄工作法，或者说，番茄工作法不适合你。其实，番茄工作法适用于任何人，除非你不愿意使用它。说到底，你以往在工作中过度任性，现在你需要遵守各种规则，出现各种不适应是非常正常的。但是，你如果真的想要改变自己，让自己成为一个自律的人，善于遵守规则的人，你就必须经过这种不适应的过程。任何改变都是需要付出代价的，任何成长都是需要努力的。只是，前提是，你要从内心认同遵守规则的好处。试着想象一下，如果一个国家的老百姓每个人都不遵守这个国家的规则，这个国家是不是就乱套了。同样的道理，如果你不遵守自己的规则，你的生活和工作也会乱成一团。在这种状况下，你要想提升自己专注的力量并开发自己的潜能是绝无可能的。所以，准备好了吗？一起来了解一下番茄工作法的法则吧，这也是每一个番茄工作法使用者的法则：

1. 一个番茄时间包括25分钟的工作时间和5分钟的休息时间。
2. 每完成4个番茄时间，休息15到30分钟。
3. 一个番茄时间不可分割。没有半个番茄时间或者四分之一个番茄时间的说法。

4. 一个番茄时间必须有始有终。

5. 如果一个番茄时间被不停中断，则该番茄时间作废。

6. 如果在一个番茄时间没结束就完成了任务，请检查、回顾任务，直到定时器响起。

7. 保护番茄工作法。及时告知对方你目前正在忙，迅速协商、重新安排中断事件并按照协商时间回复来找你的人。

8. 如果任务预计要花超过5到7个番茄时间，将它分解开来。将复杂的任务分解成几个小任务。

9. 如果任务预计所花时间不够一个番茄时间，把它们累积起来。

10. 结果是一个又一个番茄时间的累积。

11. 时间表总是优先于番茄时间。

12. 下一个番茄时间会更顺利。

以上就是番茄工作法的基本法则。当你使用番茄工作法一段时间之后，这也变成了你的规则。让番茄工作法发挥威力的前提就是永远遵守这些规则，然后，你才能享受番茄工作法带给你的益处：更加自律、更加专注、工作效率更高、工作能力更强、更容易获得成就……有个值得一提的好处就是，你在不知不觉间竟然变成了一个自律的人，这是不是让你足够惊喜呢？或许不久，你就要步入成功人士的行列了。

当然，以上是一些通用法则，你不但要尊重这些法则，还要永远遵守它。其中，像一个番茄钟的长短这些是可以调整的，你只需要按照适合自己的节奏，你的番茄时间更长或者更短都没有关系，衡量的唯一指标是你在番茄钟内的专注度。一个高度专注的15分钟或许比一个很难专注的40分钟让人感觉更好。关于休息时间，你也可以根据自己的实际情况进行调节，寻找适合自己的规则，并坚持下去，就是如此简单。

根据那些成千上万的受益于番茄工作法的人的经验来看，最开始遵守这些法则的确有些不适应。可是，只要你能够坚持下去，各种好处会慢慢显现出来。最明显的就是你的专注力变得更好，你变得更加自律，每天的工作变得轻松有序。之后，你再也无须有意识地遵守自己的规则，你会自然而然地遵守它，享受它带来的各种好处，你甚至变得不再依赖时间，而成为时间的主人。这种感觉棒极了。番茄工作法虽然有如此多的条条框框，却受到许多高效能人士的欢迎，足见其魅力所在。

相信我，永远遵守自己的规则，你会因此变得更加自由。规则让一切变得有序，秩序井然的自由才是真实的。番茄工作法的目的绝不是约束你，而是让你感觉更好！

6 把外界干扰统统消灭掉

每个人在这个社会中都不是独立的。所以，一个人很难做到不受外界干扰，除非你到深山老林里去隐居，过着与世隔绝的生活才可以做到。在如今的社会，各种干扰实在太多了。例如，当你正在学习的时候，你的好朋友突然让你帮一个小忙；或者家里突然来了一位不速之客；上司突然临时给你派了一个新任务；手机工作群里出现了新的消息；一位闲得无聊的同事走过来找你聊天；你的电子邮箱里突然来了一封新邮件；朋友突然给你打电话，一聊就是好久……这些情境几乎每天都在我们的生活中上演。正因为这些干扰，你的学习计划完全泡汤了，宝贵的时间也被这些不受欢迎的干扰偷走了。那么，面对这些纷繁复杂的外界干扰，你要如何应对呢？

显然，外界干扰是无法避免的，这是不争的事实。作为一个番茄工作法的使用者，我们唯一能做的就是竭力保护好番茄工作时间正常进行，将外界干扰统统消灭掉，消除外部世界对于我们顺利完成任务的阻碍。

外界干扰最明显的一个特征就是他人的介入，也就是说，我们必须和他人打交道，和他人进行沟通。既然干扰无可避免，那么，我们就要逆转对干扰的依赖，让干扰跟着我们的节奏，变被动为主动，使自己成为这些干扰的掌控者，而不是被它们偷走宝贵的时间。

为了让这一点更加清楚明白，接下来的一些例子会帮助你理解。

也许，你无法阻止那些随时可以打进来的电话，但是，你可以进行提前设置，将打进来的电话转接到电话应答机上，稍后听留言即可；你可以将电脑上的微信、QQ的语音提示先关掉，等工作任务完成后，再来查看信息；如果你的同事来找你聊天，你可以礼貌地回绝他，告诉他你正在忙；如果你的上司给你安排新的任务，你可以以恰当的方式告诉他，你先要完成手头的任务……其实，处理这些外界干扰，只需要遵循一个原则：就是掌握主动权，让干扰跟着你的节奏走，不要让你的节奏被这些干扰破坏了，牢牢掌握主动权！

如果有些事情确实特别着急，干扰你的人希望你能够尽快处理，你可以告诉对方，你会在25分钟之后处理。当然，25分钟其实是比较短的时间。一般来说，生活中那些需要立即处理的紧急情况其实是非常少的，不会连这25分钟都等不了。而很多事情往往可以放到几个小时之后或者第二天才处理。所以，事实上，过了25分钟或2个小时再去处理那些相对紧急的事件是完全没有问题的。如果你经常这样做，你会发现，将事情往后稍稍推迟并不会给他人造成什么损失。更重要的是，这种做法保护了你的番茄工作时间，你会如期完成计划，让工作更有效率，你的感觉也会非常好，不会因为计划没有完成而变得焦虑、烦躁。等你如期完成了计划，再来处理外界干扰中的一些事务，这样往往效率更高，当然，他人往往也是非常满意的。

保护番茄工作法意味着你一定要及时告诉对方，和对方进行友好地沟通和协商。重新安排中断事件并按照协商回复来找你的人。告知、协商和回复策略使你能够有效地控制外在干扰。它们将会按照紧急程度被放入当天或者第二天的某个番茄时间中去。逆转对干扰的依赖的运作就是这样的。我们不再被干扰牵着鼻子走，而是让干扰跟着我们的节奏。比如，我们可以辟出一个番茄时间，并在这个番茄时间内回复他人。

刚开始使用番茄工作法的人都有差不多的反应，那就是一个番茄时间里（25分钟）常常冒出10到15个外在干扰。如果干扰你的人发现你是真的会如期回复他们而不是拖延之后不了了之，他就会自动地终止干扰我们，进而保护我们的番茄时间。许多和番茄工作法使用者共事或求学的人都会说，他们觉得自己在和珍视自己时间的人打交道。他们也非常愿意尊重珍视时间的人。

从操作上来说，处理外在干扰主要处理以下两个方面：

1. 将干扰可视化。每当有人或有事要中断番茄时间，就在番茄时间记号旁画上一条短横线。这会让你清楚地知道自己每天有多少个干扰，在哪些时间段容易被干扰。

2. 做决定，有效处理干扰。你可以按照以下方法处理干扰：

（1）假如新活动必须当天完成，就在"今日待办任务"工作纸的"计划外&紧急"一栏记下它，在左边加上截止日期，用括号括住。

（2）把活动放入"活动清单"，标记上"U"（计划外），如有必要还可加上截止日期，并用括号括住。

（3）加强你完成番茄时间的意志力，画上短横线之后，继续工作直到定时器响起，专注于自己手头的工作。

通过这个方法，你便可以轻松地做到不忘初心，算清一天有多少外在干扰出现，但又不破坏番茄工作法，保护每个番茄钟完美地运作。

如果，有时候外界的诱惑太多，你的意志力不足以让你和人性的弱点抗衡，又或者，你真的有紧急情况要应付，当前的番茄时间不得不中断。那么，这时候你只有一个方法，那就是将正在进行的番茄时间作废，就算定时器很快就要响了。记住，我们的法则是，一个番茄时间不可切分。在番茄时间记录表上画上短横线，代表中断的番茄时间，在"计划外&紧急"一栏写下干扰活动的情况和截止日期，然后开始一个番茄时间来处理这项干扰活动。

7 运作完美的番茄钟

从前面的文章中，你应该了解了番茄工作法的基本法则和神奇效用。如果你是初次读到番茄工作法的读者，一定很想了解每天的番茄时间是如何运作的。既然如此，就一起来了解一下理想情境下的番茄时间和有干扰情境下的番茄时间的运作方式吧，一起来见证运作完美的番茄钟吧。

你知道使用番茄工作法的理想情境是怎样的吗？以下面这张时间表作为例子来看看吧：8:30-13:00，14:00-17:30。按照这个时间表，你非常顺利地开始了一天中的第一个番茄时间。在这第一个番茄时间，你不必急着做今天的工作，而是可以浏览一遍前一天所完成的任务和活动清单里的活动，然后，你谨慎地从活动清单中挑选出一些活动放入"今日待办任务"工作表。同样是在这个番茄时间，你将桌子上的所有东西都仔细地清点一遍，为今天的工作做好准备。如果你觉得桌子看起来比较脏，那就清理它。干净的环境会让你在办公时心情变得更好。此时，定时器响铃了，你在第一个番茄钟后面画上"×"，之后，你便稍作休息。

　　大约5分钟之后，你开始下一个番茄钟，终于开始今天的工作了。这个番茄时间完成后，再过两个番茄时间，那么，4个番茄时间便过去了，也就是说，你已经完成了一组番茄时间。一组番茄时间顺利地结束了，你便能够享受一个15到30分钟的休息时间。也许你并不觉得疲倦，甚至不想停下手头的工作。可是，你必须遵守番茄工作法的法则，还是好好休息吧，让自己完全恢复精力。一组之后的休息时间最低是15分钟，最长是30分钟。如果你感觉不是很累，休息20分钟也是不错的。接着，开始新的番茄时间。很快，4个番茄时间又过去了，此时已经是12:53了。和你的时间表相比，你还有7分钟时间，看起来，整个上午的进展非常理想，你心情大好，利用剩下的时间整理桌子，收拾文本，检查一下"今日待办任务"工作表有没有填写完整。然后，你带着你的好心情去享受午餐。

　　到了14:00，下午的工作时间开始了。你扭启了下午的第一个番茄钟，给定时器上好发条，继续投入工作之中。在刚开始的两个番茄时间之间，你只是进行短暂的休息。4个番茄时间结束之后，你感到非常疲倦，看来，这次需要好好休息一下了，于是，你休息了半个小时，精力恢复得相当不错。30分钟后，你重新给定时器上了发条，25分钟之后，铃声响起，你在对应的番茄钟后画上"×"，接下来稍作休息。最后一个番茄时间，你用来进行今天的收尾工作，检查一天下来完成的任务情况，填写"记录表"，并记下可以进一步改善的地方，为第二天的"今日待办任务"工作表做点提示，然后清理整个桌面，让桌面看起来整洁美观。此时，最后一个番茄钟的定时器响起了，你休息了几分钟，看看手表，17:26，一切都非常理想，这一天的番茄时间进展得非常完美。最后，你收好今天的文件，摆放好任务工作纸，到了17:30，你完全自由了，并且感觉相当好！

  上面这个运用番茄工作法的实例是一个非常理想的情境，在这个情境中，用来进行操作性任务的番茄时间并不是和工作或者学习时间完全重合的。总的来说，在8个小时的工作或者学习时间里，两个番茄时间是用来做组织性活动的，也就是一天当中的第一个番茄钟和最后一个番茄钟，总共花费了1个小时。12个番茄时间（6小时）是用来进行操作性任务的。从整体看起来，这个番茄钟的运作是相当完美的。而且，除去收尾用来做组织性活动的时间，你应当顺利地完成了12项活动，这将带给你很大的成就感和满足感。关键是，你并没有在下班的时候感到筋疲力尽。

  时间不停是番茄工作法的次级要素。在上面的情境中，你是没有任何干扰的，一整天都是由一连串的番茄时间组成的，而时间表则是由一组一组的番茄时间组成的。其实，几点钟并不重要，我们只需要跟着番茄时间以及相应的休息时间走就行了。在这个相当理想的情境中，不难看出，时间表是这样的：1+3,4；4,1+1。

  可是，事实上，上面这种理想情境是非常少的，经常发生干扰的状况才是正常的。那么有干扰的情境又是如何的呢？番茄钟依旧可以运作完美吗？

假设在上面的第二组第二个番茄时间中,你不幸被干扰困住了,而且,一时之间竟然无法处理它们。这种情形在工作中非常常见。于是,你只能将第一个番茄时间作废。一段时间后,你打算处理刚刚被中断的任务,此时已经是12:20。你花几秒钟的时间对最后一节内容进行重新安排,此时,距离下午三点只剩下一个番茄时间要完成了。一个短暂的休息之后,你便投入到下一个番茄时间。实际上,你为了找回自己的注意力,稍稍多花了一些时间。当你准备好了,继续上好定时器,开始这一组的第二个番茄时间,因为之前的第二个番茄时间已经被作废。到了下午,在第三组番茄时间结束的时候,由于工作了一天,你可能会觉得疲累,你打算出去散散步,让大脑好好放松一下,散步半个小时对大脑是极好的恢复。出门之前,你迅速调整了最后一组番茄时间,将原本两个番茄时间长度改为一个做组织性活动的番茄时间。如果时间还有剩余,你还是打算习惯性地清理一下自己的工作台,处理一下电子邮件。散步结束时,已经是16:47了。你上了定时器,继续做着最后组织性的活动,等铃声响起,画上"×",此时,一天的工作宣告结束,你也完全自由了。

所以,即便是遇到干扰的情境,你按照番茄工作法的法则,对番茄时间和休息时间进行调整,依然可以让一天完美地结束。在有干扰的情境中,你可能会根据实际情况作废一到两个番茄钟,但总体不会产生很大影响,在一天的番茄时间结束的时候,仍然会享受到极大的成就感和轻松感。如此看来,无论何种情境,只要你能够熟练地使用番茄时间,它都能完美地运作,并让你顺利地完成工作任务。和毫无计划的工作形式相比，番茄工作法让你更加从容，不仅让你的工作效率更高，也让你得到了充分的休息，所有的一切都在完美地进行着，这真让人着迷。

CHAPTER 3 第三章

方法比努力更重要

番茄工作法

1 拒绝之前先尝试

毫无疑问，番茄工作法是一种非常简单易行的时间管理方法。很多人都因为这个方法受益，他们说，番茄工作法改变了他们的生活，改变了他们的人生。如今，世界上有成千上万的人都在使用番茄工作法，持续地享受番茄工作法为他们带来的各种福利。可是，你或许忍不住会问，所有人都适合用番茄工作法吗？不一定。更确切地说，没有适不适合，只有你愿不愿意使用这个方法。这就好比，有的人一天只吃一餐，有的人一天吃两餐，很多人一天都吃三餐。你很难说，一天吃三餐就不适合每天只吃一餐的人，只要他们愿意主动改变。因此，如我建议你在说"不"之前，自己先尝试一下，就如同一双鞋子到底合不合脚，一定要试了才知道。如果不尝试就否定，有时你会失去很多珍贵的机会。

其实，对于很多人而言，番茄工作法绝对是有百利而无一害的，甚至会让他们最后惊喜不已。其实，这样的例子非常多。有许多人最开始非常排斥番茄工作法，可是，一旦他们进行尝试，便深深迷上了这个方法，甚至一发不可收拾。例如，通常来说，一个要等待"激情"出现才能做事的人，一般都会非常排斥番茄工作法，他们在意的是激情，这种按部就班、过于机械的时间管理方法让他们感到非常乏味和无趣。尽管如此，令你想不到的是，这样的人却是最需要此类方法的人之一。这类人是被动的，他们在等待激情的出现，让千头万绪在自己的大脑里不停地盘旋，等待激情。可是，激情到底何时才能出现呢？如果，在这一整天，他们都没有激情，是否就意味着今天的工作永远都不会开始？这是非常危险的，很容易发展成拖延症。相反，如果他们使用番茄工作法，在每个早晨的计划阶段，他可以做出承诺，而不是让千头万绪在脑海里盘旋。然后，若他在"今日待办任务"表格中给各项活动分配了优先级，并严格遵守一次只做一件事的法则——最重要的一件事——他的激励感将会更强，这是可以验证的，感受将会告诉你答案。也许头脑会说谎，但是感受永远是真实的。如果这还不能让他有足够的激情，那么，扭启番茄钟的动作也能为他点燃动力的火花。这不正是他一直在等待的吗？使用番茄工作法反而让他等待的激情更容易出现，这是多么美妙的事情啊！

　　还有一类工作狂，他们永远想要在最佳状态下全速前进，中间不想有任何停歇。那么，他们可能也不太欢迎番茄工作法，认为番茄工作法这种做做停停的方式太低能了。这同样是一种误解。他们的初衷是美好的，希望对工作全力以赴，可是，各种琐事仍然会来烦扰他们。其实，全力以赴和全面高产之间并不能画等号。而番茄工作法对这类人也是非常有帮助的。因为这类人很容易陷入琐事之中，在看似非常重要的问题上花越来越多的时间，这反而降低了工作效率。如果一面埋头苦干，一面抵抗越来越多的内部中断，这种一心二用的方式并不可取，甚至会让人变得焦虑，在不断的内耗中丧失精力。相反，运用番茄工作法的法则，每半个小时便从工作中跳出来，纵览全局，不至于无意识地陷入各种琐事之中。定期的短暂休息也会带给他可持续发展的步伐，并一直保持十足的干劲和旺盛的精力。

尽管如此，你仍然要坚持对番茄工作法说"不"吗？你觉得自己目前的工作状态很好，不需要改变。其实，是你不愿意改变，不愿意尝试，因为你觉得一切都没有问题。那么，以下的办公室通病，你有吗？不妨看看番茄工作法是如何应对这些通病的吧。

1. 面对复杂，望而却步。那些复杂的、在一个25分钟内完不成的任务，一般会让人在不知不觉中拖延下去。拖延会让你舒服一时，但随后就是更大的焦虑和各种压力。不论怎么拖延，任务总是在那里等待着你。番茄工作法的应对方法是：无须考虑任务有多复杂，开始、再开始，行动起来，迈开第一步。扭启番茄钟，半小时内你肯定会有所进展，并获得休息作为奖赏。

2. 无聊琐事，越拖越久。你是无法从尚未完成的工作中捞到任何好处的。当然了，扫尾的活儿一般都不会很有趣，甚至相当乏味，让人排斥，越拖越久，永远搁在你心里，让你不得安宁。番茄工作法的应对方法：想想要完成这一个番茄钟其实也没多久，不过

25分钟而已。所以，先完成它，你就会得到回报。

3. 小事忙活一天，大事一样没办。你在办公室里不停地忙碌，结果，快要下班了，却发现最重要的事情居然还没做，也许还要为此而加班或者受到老板责罚。番茄工作法要求在每天早晨做计划，然后在每个番茄钟之前，重新评估活动的优先级，先做最重要的事情，而不是别的事情。

4. 最后期限，步步紧逼。你常常加班到很晚，周末的休息也完全泡汤，但是，工作效率却总是老样子。为了完成任务被迫加班，工作有量没有质。番茄工作法，以25分钟的短期迭代为节奏，让你在工作中形成可持续发展的步伐。工作休息两不误，工作干得起劲，休息绝对放松。

5. 一错再错，不长记性。在工作中，你是否经常犯同一种错误而被老板责罚。为了避免第二天犯同样的错误，番茄工作法在一天结束前要做三件事：记录、处理和可视化，这些每日回顾工作，可以帮你改善你的工作，避免经常犯相同的错误。

6. 没想到一件事越做越复杂。在你平时的工作过程中，正当你为某项任务全力以赴时，是不是经常会节外生枝地冒出一些次要任务？这让你的工作变得越来越复杂。在番茄工作法中，你可以将这些"不速之客"填入"计划外&紧急"一栏，然后再接再厉，先完成眼前的重要事情。

7. 头脑被各种想法占据。你无法控制自己的大脑，明明想专注于眼前的事情，可是，就是有各种杂念在大脑里盘旋，不停地指挥你干这干那，让你难以集中精力。在番茄工作法中，应当把它们填入"计划外&紧急"表格，然后再接再厉，完成手头的活动。想要专心致志，就抛开所有杂念。

8. 只顾低头干活，忘了抬头看路。大脑需要一点时间来巩固记忆、识别模式、做出结论，可是，你常常只是不停地干活，却不知道自己有时做了一些无用功。使用番茄工作法，每半小时休息一下，使大脑可以吸收在上一个番茄钟的所见所闻。而且，你还能纵览全局，运筹帷幄。再回到工作上来，就能够一览全局，没准又有三五个新点子。

以上这些办公室通病，在你身上有没有出现呢？你看到番茄工作法的优势了吗？事实上，如果番茄工作法无法应对这些办公室通病，那么它也无法提升人们的工作效率，帮助人们更好地利用时间。这是一种必然的因果定律，正因为番茄工作法的这些优势，才让它成为深受人们喜欢的时间管理方法。试一试番茄工作法吧，有时候，方法比努力更重要！

2 任务太多，先列表格

在平时的生活和工作中，我们每天要处理许多事情，有许多任务等着我们去完成。一件又一件，一桩又一桩，全都在你的脑子里回旋。只是在脑子里不停地想起这些任务，就足以让我们变得非常焦虑，感觉压力很大，似乎一天有忙不完的事情。事实上，虽然任务很多，但是这些事情可能都是一些小事，其实很轻松就可以完成。比如，打扫卫生、打电话、收拾房间等，这些其实都是几分钟就能完成的小事情，根本就花不了多少时间，也许总共花费的时间不到一个小时。你完全不必如此焦虑。然而，这些任务如此繁杂，如果你只是让它们不停地在大脑里重复，那么，即使是芝麻小事也会给人造成压力。这个时候，表格就可以派上大用场。表格会让那些不断在你大脑里盘旋的事情全都落到纸上。在番茄工作法中，表格是非常重要的一种工具，它非常简单，却也很好使用。不过，简单易用的工具往往是最有效的方法。表格可以让你忽略流程管理方法，只是将精力专注在真正要做的事情上。番茄工作法通常只需要一支钢笔或铅笔、一枚厨房定时器、三张白纸或横格纸。

关于计时器的选择是非常灵活的。你可以为你的办公环境选用任何类型的计时器，比如机械厨房定时器、数字厨房定时器、沙漏、手机的振动闹铃或者电脑软件等。扭启设定机械番茄钟的动作，对培养条件反射很有好处。你会发现，不需要花费很长时间，这个动作便可以帮你找到感觉，保持节奏。选择一个自己喜欢的计时器吧，它将永远支持你。

那么，三张纸是干什么的呢？就是用来制作帮助你缓解焦虑和压力的三张表格，包括"今日待办任务"表格，"活动清单"表格，"记录"表格。很显然，这三张表格的用途是完全不一样的。

1. "今日待办任务"表格

在这张表格上填写今天的日期、你的名字，然后简单地列出打算在今天进行的活动。列明活动的时间，要尽量言简意赅，无需将活动写得多么具体，能一眼看明白就行。不过，这些待完成事件应当按照优先顺序进行排序，将最重要的事情排在第一位，然后是比较重要的事情，以此类推。至于如何确定哪些事情应当排在前面，后文会介绍专门的方法。另外，其中还应当有专门的"计划外和紧急活动"项目，若有些在计划之外却又必须处理的突发事件出现，这些事件就要被记录在"计划外和紧急活动"项中。而且，这些突发事件经常会改变一天的计划。所以，为了保护眼前的番茄钟，先让这些不速之客暂时待在"计划外和紧急活动"项中。需要注意的是，每天早上这张表都要重新填写一次，千万不能偷懒。因为你每天要完成的活动都是不一样的。

2. "活动清单"表格

在这张表格上填写你的名字，简单地列出最近要进行的各式各样的活动，想到什么就填什么，完全不用考虑顺序问题，它比"今日待办任务"表格的填写要简单得多。和"今日待办任务"表格不同的是，同一张"活动清单"表格可以连续使用很多天。你可以不断地在上面增加新的活动。如果有的活动已经完成了，你只需要划掉就可以了。

3. "记录"表格

这张表格是为了记录所采样的流程指标。根据不同目标，记录表中需要设置不同类别的表格。其目的是对流程进行改进。一般来说，这张表格包括了日期、任务描述、完成每一项任务需要的番茄工作时数。这张"记录"表格需要每天更新一次，常常是在一天的工作结束之际来完成的。

下面，我们来看看如何制作"活动清单"表格和"今日待办任务"表格吧。其实，制作这些表格也是有学问的，如果制作得好，表格会发挥很大的威力。

首先，做好充分的准备工作，去找一支笔，一张纸，一枚厨房定时器。扭启5分钟番茄钟。接下来，你便可以开始制作表格了。你先要在纸面顶端写下标题"活动清单"，认真地想清楚你需要完成的活动，并将这些活动完整记下来，想到什么就写什么。在你记录的时候，不需要考虑哪些活动重要，哪些活动不重要。换句话说，你是完全没有必要考虑重要程度和优先级的。当然，你更加没有必要在活动清单上写明这些活动的具体做法，只需要写活动完成后的状态。例如，你可以这样记录：

收拾房间；

洗衣服；

写文章；

给孩子买课外书；

给编辑部发邮件；

上街购物；

给妈妈打电话。

在列明这些活动的时候，尽量言简意赅，既能表明大意又不拖泥带水。刻意地缩写或长篇大论都是不可取的，更加无须考虑措辞能否让别人理解。因为活动清单是为你自己准备的，所以，最重要的是自己能看懂，不但今天能够看懂，即使过了一个月，你还要能够看懂。关于活动清单的记录，其实有一个值得推荐的好方法：第一个词代表活动的主题类型（事情虽多，总能归类到几种主题），后面第二个词则明确表达想要实现什么。

将要完成的活动从上到下列出来，每行只需要记录一个活动就可以了。若你已经安排好了某件事一定要在某个时间完成，便可以顺便在这项活动后面标上最后期限，用来提醒自己。例如，假设家里晚上七点有客人到访，那么，你便可以在活动清单里这样记录"客厅整洁，7:00pm"。这也会成为你制作"今日待办任务"表格的参考。

　　接下来，我们来看看"今日待办表格"的制作。和"活动清单"表格相比，这张表格要稍微麻烦一些。同样地，请你拿一支笔、一张纸、厨房定时器，还有你刚刚做的"活动清单"表格。扭启5分钟番茄钟。在纸面顶端写下标题"今日待办任务"，然后，对照"活动清单"表格想想你今天要进行的活动，仔细检查有没有漏掉某些内容。重要的一点是，你应当考虑这些活动的优先级。例如：

　　开车送孩子上学；

　　做午饭；

　　给妈妈打电话；

　　给编辑部发邮件；

　　收拾家务。

　　要记住，你在制作"今日待办任务"表格的时候，不要将"活动清单"表格里的事情全部抄到"今日待办任务"表格里，一定要仔细考虑清楚在今天之内全部做完的承诺是否合理。如果你抄过来的这部分活动今天全部完成了，你会有什么感觉？会不会特别有成就感？选出活动填入"今日待办任务"表格，其实也意味着你拒绝了那些没有选出的活动。

　　"记录"表格的制作大体类似，后面会有专门的一节进行介绍。这张表格是在一天工作结束后来制作的，其目的是进行跟踪和记录。它也是一种非常重要的表格。

　　如果你坚持这样做，你会发现自己越来越容易专注于所选活动了，工作效率会更高，拖延的现象也会越来越少。所以，你应当坚持练习制作这些表格，一旦你学会熟练运用这些表格，你的焦虑情绪就会大大减少，不再因为各种复杂的任务而焦躁不安。

3 在工作中插入休息时间

番茄工作法主张在25分钟时间段内专注进行高质量工作，接着进行5分钟的休息。可见，番茄工作法对休息时间是有明确规定的。这也是番茄工作法的一个重要特点：充分尊重休息时间，保证大脑能量满满。除了休息的时间要保证，休息的质量更值得重视。休息时间应当做些什么呢？其实休息的方式非常多，但是，始终要以让大脑充电为原则，并且对之前吸收的知识进行后台处理。所以，你要尽可能从工作中抽离，不要在休息时间阅读电子邮件、阅读新闻、打电话，不要做对下一个番茄钟会造成额外压力的任何事情。

当厨房定时器走到25分钟响铃时，就代表着你已经完成了一个番茄钟。此刻，你除了要立即在"今日待办任务"表格的相应活动旁边画一个×，还要适当地休息一下。当然，休息时间并不是固定的，可长也可短，3分钟或者5分钟都可以，主要是由你的疲劳程度决定的。在这段短暂的休息时间里，你应当学会完全地放下，让自己从工作中抽离，尽可能地远离一切挑战智力的活动。比如，你可以只是喝点水，或者想想午餐吃点什么，或者吃一点让大脑放松的小零食，这些都会让你的大脑得到休息。不过，休息的方式完全由你来决定，你要寻找到最适合自己的休息方式。哪怕只是简单地从办公椅上站起来，走几步，也是一种休息方式。或者，你还可以伸展一下肩背，转动脖子，缓解身体的酸痛。

值得一提的是，番茄钟期间的目标是专注地进行高质量的工作，而休息期间的目标则是进行专注而高质量的放松。也就是说，休息的目的是放松。你采用的休息方式决定着你的放松质量。这里介绍一种让你得到深度放松的休息方法。在运用番茄工作法的时候，理想的休息莫过于浅睡5分钟。当然，也许你不能在短短的5分钟内睡着，但是，你却可以训练自己学会真正地放松。为了学会真正地放松，你需要经过一段时间的学习。一旦你掌握了如何利用5分钟让自己深度放松，便会发现一段高质量的5分钟休息就可以让你获得足够的能量，让你以非常充沛的精力轻松地开启下一个番茄钟。

那么，到底怎样才能进入深度放松状态？你可以按照以下步骤进行练习：

1. 找到一张舒适的椅子，如果你的办公室里面有一张沙发，那自然是最好不过了。

2. 当休息开始时，让自己舒服而放松地坐在椅子上，闭上眼睛，然后开始有意识地放松脖子、手臂和腿，特别是要刻意放松那些特别紧张的部位，比如，腹部、肩膀、头部。

3. 想象有一台光扫描仪：你可以想象，有一条明亮的水平线正在从头到脚、从上到下缓缓移动。集中注意力在光带所及之处的全部肌肉，让它们进一步放松。尤其注意眼睛，仔细地消除眼部的紧张。有研究表明，仅仅是放松眼睛，就能消除你身上大部分的紧张感。

4. 想象有一个巨大的白色球轻轻地飘浮在空中，如果它消失了，没关系。这只是一个引子，让你放下对之前番茄钟工作的思考。你甚至可以想象自己是一根轻得几乎没有重量的羽毛。

5. 当休息完成后，试着感受一下，你通常会感觉清新而有活力。轻轻睁开眼睛，重新开启下一个番茄钟，专注，前进。如果这5分钟的长度感觉像10分钟，说明你休息的质量非常高。一旦你足够放松，接下来的番茄钟的效率会更高。毫不夸张地说，深度放松的效果甚至大大超过了真正的睡眠。因此，试着学习深度放松吧，就像锻炼肌肉一样慢慢练习，不用多久，你就会成为深度放松的高手。不用说，对高效的番茄钟工作法而言，长时间休息和短时间休息同样重要。

这个方法对那些安静和熟悉的环境非常适用，换句话说，就是人们不会太注意你的地方。这种训练其实是借鉴了"多阶段睡眠"中训练身体在短时间内进入深度睡眠的方法，多阶段睡眠是一种每天睡眠很少却可以保持精力充沛的方法，这种方法的效果非常神奇。你可以将这种方法运用到番茄工作法的休息中来，或许你会收到让你惊叹不已的神奇效果，当然，最开始，这种方法是需要训练的。

　　到底休息多长时间才好呢？番茄工作法中的休息时间是不是固定的呢？其实不是的。休息多长时间完全由你自己决定，在这点上，你拥有完全的自由，但是也不能让休息的时间过长，这会破坏番茄钟的节奏。休息多长时间取决于你的疲惫程度。一般来说，当一组番茄时间结束后，休息时间通常为15到30分钟。例如，若你一整天都保持着相对紧张的节奏，大脑一直处于比较紧张的状态，那么，此刻你需要较长时间的休息。在最后一组番茄时间开始之前，你的休息时间便可以延长至25分钟。又或者，你正面临着一个非常复杂而又紧急的问题，需要耗费大量的脑力，那么在各组番茄时间之间你需要25分钟的休息。如果你感觉特别累，那么，延长休息时间不仅是必需的，甚至可以说是有益的。然而，若你的休息时间连续几次都超过了30分钟，显然，这极有可能让番茄时间组的节奏乱套，更重要的是，这种状况其实是在提醒你：你不但需要休息，同时还需要自由时间。

　　你可能面临着很多的工作任务，你感到时间好像不够用。为了完成这些工作任务，你是不是想缩短休息时间？毕竟，你一天的工作表都排得满满的，好像只能从休息时间中榨取一些时间出来。你试图以牺牲休息时间为代价，若真如此，你就犯了一个严重的错误。前面已经说过，我们的大脑是世界上最精密的机器，它有自己的运作程序。通常，它需要时间去整合已吸纳的信息并准备接受新信息，以便在下一个番茄时间里解决问题。如果你由于工作压力而缩短休息时间，则可能会导致思路不通。当大脑非常疲惫时，你的工作效率也往往比较低，以致工作进展很慢。

对于番茄工作法初级使用者来说，最好在一组番茄时间即将结束时用定时器设置25分钟的休息时间。不过，这样做的目的并非强制规定你必须休息满25分钟，它是为了确保你的休息时间不超过30分钟。你并非一直都需要这么做，只是在刚刚使用工作法的时候这样做就行。如果你对番茄工作法的使用非常熟练，已经成为这方面的高手，那么，到后来，你便会十分了解自己的疲惫程度，在内心完全知道什么时候要休息多长时间，什么时候该继续工作。

每个番茄时间的休息时间也是如此，一般以3到5分钟为佳。但是，若你感到非常累，或者状态欠佳，那么，便不必拘泥于3分钟还是5分钟，即使休息10分钟也是可以的。但是，若每个番茄时间的休息时间都在5到10分钟之间，那么，你的工作节奏就会被破坏。你可以试着先结束手上这一组工作时间，然后再根据自己的疲累程度休息15到30分钟。管理精力的最好的方法是战略性地工作，先延长番茄时间组之间的休息时长，再延长每个番茄时间之间的休息时长。至于如何延长，主要看你的个人感受，不过，也不能过度地延长。

用长跑来比喻管理休息时长再合适不过了。在马拉松的一开始，选手们都十分清楚自己的状况，知道他们有体力能跑得更快，但是也知道自己的极限和前方的挑战。他们管理着自己的体力，在终点线取得最佳成绩。管理休息时长其实也是同样的道理，过于随意地休息是不可取的。你要学会对休息时长进行明智地管理，并进行高质量的休息。

4 放下是为了拿更多东西

当你运用番茄工作法时，需要学会放下，而放下是为了拿更多东西。其实，放下是一种智慧的选择。现在，人们常常觉得生活非常累，工作也累，学习也累，处理各种日常交际都觉得累，归根到底就是人们没有学会放下。人们不断地往自己身上添加一个又一个的包袱，这些包袱压得人们喘不过气来。不懂得放下，身心便会一直背负着沉重的包袱，压力越来越大，生活也变得越来越累，越来越辛苦。所以说"放下"，不仅是一种解脱的心态，更是一种清醒的智慧。只有学会放下，你才能够腾出手来得到自己真正想要的东西。对于放下，很多人有不同的看法。处事时，该放下的一定要放下，该舍弃的一定要舍弃，千万不要因小失大。放下是一种任其自然的心态。只有不断地放下，你才能不断地清空自己，让自己轻装上阵。试着想象一下，如果你不懂得放下，不懂得随时清空自己的大脑，将所有的烦恼、忧愁、焦虑全都抓得紧紧的，势必会感到非常疲累。这种放下的智慧对于每天的工作也是适用的。番茄工作法中正是融入了这种放下的智慧。在番茄工作法中，设置的定期休息时间就是为了让你能够随时放下，为自己减负，让压力清零。所以，在休息期间，思考上一个番茄钟或下一个番茄钟的工作是不被允许的，你要做到真正地放下。不要在休息时间打重要电话，不要在休息时间写重要的电子邮件。不仅要做到形式上的休息，还要让内心将工作完全放下，让大脑充分吸收过去25分钟的脑力激荡。其实，人们早就发现，劳逸结合是大脑保持高效工作和思维敏捷的基础。

若让压力系统一直工作，却不借助心智休闲进行调节，过不了多久，一些症状便会找上你，你会出现各种麻烦。比如，你可能由于各种压力而整夜睡不着觉，甚至导致长期失眠；长期的精神紧张会让你变得抑郁，记忆力下降，常常感到烦躁不安，不堪重负，身体状况也一日不如一日；在工作时，你的专注度也会减弱。你会感觉每天的工作就是疲于奔命。你丝毫不能感受到工作的快乐，取而代之的是焦虑、敏感、脾气暴躁，你甚至都不知道自己为何因为一点点小事而大发雷霆。那只是因为你把自己压抑得太久了，芝麻大的一点小事都可能成为压垮你的稻草，让你崩溃大哭。所以，随时让大脑放下清零，是让大脑保持活力的最佳方式。番茄工作法中规律而频繁的休息对于紧张的大脑活动非常有益，而且能大大提升人们的工作效率，这其实是一种规律的放下的效果。如果你真能学会规律地放下，你将感觉每天的工作都是轻松的，你会有充沛的活力来应对任何复杂的工作。

然而，真实的情况是，很多人在工作场合中却不愿意休息，宁可做拼命三郎，他们甚至认为休息是一种软弱的表现。现在，有不少公司推崇这样的理念——真正的精英早上9点开始开会，到晚上10点结束，中途没有离开办公室。殊不知，这种理念导致了人们在工作中的极端行为，挫败感、糟糕的专注力以及无效率正是因此产生的，只可惜人们往往意识不到这一点，总是寻找其他的原因来解释自己糟糕的精力。

然而，一旦使用了番茄工作法，人们便会真正体悟到在工作中放下非常有必要，它会给你的工作带来积极的意义。每隔25分钟后休息一下，会让你从不同的视角来看待事情，甚至激发很多灵感，产生很多新点子。因为你常常放下，许多大脑的垃圾被及时清理，你的大脑永远是清新的，充满能量和活力。于是，你天生的创造力也会被自然地激发出来。所以，放下是为了拿起更多东西，这使后续的工作都变得更有价值。

不过，休息一定是要彻底的，也就是说，放下最终要发生在心灵层面，让工作彻底从大脑离开，决不能只是形式上的放下。若到了规定的休息时间，你虽然停下了工作，大脑里却仍然继续思考着和工作有关的事情，这种休息就是无效的，并没有让大脑得到真正的休息，这其实是没有放下。

在番茄工作法中，在每隔25分钟的常规休息之外，还会要求安排时间更长的阶段性休息。你可以将4个番茄钟作为一组。也就是说，每4个番茄钟后，你便可以进行阶段性休息。阶段性休息的时间会长一些，通常可以是15~30分钟。当然，这是一段不短的时间，你可以任意安排一些事情，比如，清理办公桌，去泡杯咖啡，或者浏览一下自己喜欢的网页。你可能忍不住想要看一下电子邮件收件箱，不过，你不应当在休息时间写任何重要的回信，因为这是需要消耗脑力的。其实，在短期工作之间，经常用休息和奖励作为点缀，你会发现自己一整天都能精力充沛，而且不会感到疲劳，也不会对工作产生厌烦感。这也刚好验证了放下的智慧，放下是为了拿更多东西，难道不是吗？当你不断地放下，在每一个番茄时间，你永远都是元气满满，轻装上阵，没有任何疲惫感，工作任务自然也能够出色地完成。

然而，现在社会上的很多人都有不同程度的工作疲劳综合征，对工作产生排斥感，每天都感觉非常疲累，这都是因为他们不懂得运用放下的智慧。勤奋努力地工作固然重要，但是，人毕竟不是机器，即便是机器，也需要定期卸载负荷，进行维修和保养。如果你使用番茄工作法，并且已经深谙放下的艺术，将之灵活地在工作中进行运用。那么，毫无疑问，这种疲惫感和排斥感便会大大消退。除此之外，一整天你都会有非常好的洞察力，哪怕是在休息时间。

所以，该工作时就好好工作，该休息时就好好休息。学会放下，不要故作勤奋地利用休息时间继续工作，这样反而得不偿失。只有持续有规律地放下，你才会持续地给大脑充电，从而带来更大的价值。关于这一点，其实你是可以亲自去验证的。不过，前提是你一定要深切地认识到放下带来的价值。

5 让过度学习保持你的节奏

可能你现在对番茄工作法已经非常熟练了，甚至你很享受利用番茄工作法来工作。你制定了自己的"今日待办任务"表格。然后，你一个又一个番茄钟地进行下去，当然，你严格按照番茄工作表的原则给自己安排了休息时间，感觉相当不错。于是，你开始对番茄工作法上瘾，享受着它给你带来的诸多好处。随着时间的流逝，列表中的工作竟然被你挨个完成了，每当你完成一项工作，就满怀喜悦地在表格上把它划掉，这种感觉相当不错，不是吗？没想到自己竟然完成了这么多工作，这的确让人非常欣慰。

你是否遇到过这样一种情况？当你在番茄钟内完成了一项活动，番茄铃声却仍未响起，显然，你提前完成了这项活动。你看了一下计时器，番茄钟竟然只进行到一半，还有十多分钟才响铃，可是，这个番茄钟内的工作你已经完成了。那么，在这个剩下的番茄钟里,你会怎么做呢?你是不是自然地想转换到下一个番茄钟的活动呢?这个主意似乎听起来不错,提前完成今天的活动并不是坏事。然而,番茄工作法并不提倡这样做,更建议你利用剩下的番茄时间进行"过度学习"。

畅销书作家和演讲家马尔科姆·格拉德威尔认为,如果我们想要真正精通于某个领域,则必须进行过度学习:"一旦一个演奏者进入顶级音乐学校,唯一能使他出人头地的方法就是:刻苦练习。就这么简单。还有一点,那些顶级演奏家们,他们练琴比其他人练琴不只是更加努力,甚至不只是十倍努力,而是百倍努力。"

过度学习是教育心理学上的术语,又被人们称为"过度识记",指的是达到一次完全正确再现后仍继续识记的记忆。过度学习对于识记材料的保持是非常有帮助的,但是,也不能过分过度。正所谓"过犹不及",如果一味地重复再重复,最后效果未必很好。研究结果表明,适当限度的过度学习产生的效果的确比刚刚能背诵的效果好得多,然而,若是过度学习超过了限度,其保持效果却不会再增加。比如,如果你学习四遍后刚好能够背诵,如果你想通过过度学习来提升,那就再学习两遍就可以了,再多的学习效果则适得其反,对人的身心造成危害。过度学习理论是由德国著名的心理学家H.艾宾浩斯率先提出的,主要含义是一个人要想很好地掌握所学的知识,便一定要经常提醒自己通过反复练习才能得到巩固。艾宾浩斯对这一效应作了最早的实验研究,他为测量超过记诵学习所需的过度学习的量,曾以不同的次数读过几组16个无意义的音节,结果发现,过度学习材料比刚能回忆的材料保持效果较好,而且其保持效果和原学习的分量大致成比例。著名数学家华罗庚小时候并不出众，甚至表现得比一般的学生还要笨。别人仅仅需要一天时间便可学完的东西，他却不得不学好几天。幸好，他的心态非常积极，坚持将问题弄得一清二楚，把需要记住的东西全记下来。奇怪的是，过了一段时间，别人几天才能学完的东西，他用一天就能学完，而且掌握得比别人更好。在这里起作用的，也是过度学习效应。

在现代社会，无论对于学习还是工作，过度学习都是有积极意义的。应当说，即使你没有使用番茄工作法，也可以尝试过度学习的方式，它永远只会让你的学习或者工作锦上添花。如果你是番茄工作法的践行者，过度学习除了有利于你的学习或者工作，还能帮你保持番茄工作法的节奏。在番茄工作法中，节奏是非常重要的。当你在番茄钟内提前完成了一项活动，你可能会觉得利用这个番茄钟里剩下的时间进行下一项活动并没有什么不妥。按照人们的习惯性思维，提前完成工作不是更好吗？这似乎再正常不过了。然而，它破坏了番茄时间的节奏。并且，你又将如何在你的记录表上如实地记录？你自以为是的提前工作可能让整个番茄工作法全乱套了。番茄工作法强调的是可持续的节奏，这种节奏感对于任何番茄工作法的使用者都是非常重要的，也是他们获得动力的来源。你体验这种节奏，并逐渐享受这种节奏，最后迷恋这种节奏带来的益处。既然如此，不要破坏节奏吧。那么，剩下的番茄钟的时间是用来休息吗？这当然也是不妥的。休息有休息的节奏和规则，休息时间太长反而让人变得懒散。那就进行过度学习吧，它能让你完美地使用番茄钟剩下的时间，并保持整个番茄工作法的节奏。例如，在某个番茄钟里，你提前完成了某一项活动，也许番茄钟才进行到一半，那就回顾一下自己刚刚做的工作或者重复一下所学的内容，看看刚才的工作还有没有需要改进的地方，或透过字里行间发现新结论……直到番茄钟响铃。

所以，虽然提前进行下一项工作常常被视为优点，然而，番茄工作法却并不支持这样做。那么，如果你在番茄钟进行到一半的时候完成了你预定的活动，千万不要一时冲动，随便切换到其他活动。这实则是看似聪明其实非常愚蠢的做法。事实上，光是有这个切换的选项横在中间，也是经常性的干扰。也不要在一个番茄钟中间停下休息，这同样让你失去节奏，而且由于停止的番茄钟比较短，它所跟踪的数据也无法与其他番茄钟匹配比较。进行过度学习吧，对于番茄工作法而言，过度学习是非常有利的，它让一切都变得完美。通过过度学习，你的工作会更加完美，番茄时间的节奏也会完美地进行。所以，还有比这更棒的方法吗？

6 建立直觉反馈

打过保龄球的人都知道，当人们在打保龄球的时候，都有一个明确的目标，就是将球沿着球道滚出，尽可能多地击倒球瓶。每次投球，立即便可以知道投得好还是不好。然而，最让人上瘾的并非每次击倒球瓶的数量本身，而是前后投球成绩的关联。例如，如果这次我打倒了6个球瓶，那么，会产生何种结果呢？我要怎样调整下一步的策略呢？当人类注意力的投入获得成功的结果时，他们便会自然而然地在内心产生一种满足感。这对于工作也是同样适用的。一般来说，如果你正在进行一项需要耗费好几天或者好几周的工作活动，那么，你想要获得直接并且及时的反馈是非常困难的，你通常需要等待很长一段时间。整件事情到底完成得好不好，在工作进行的过程中，你是无法知道的。直到整件事情全部完成之后，你才能看出自己到底是成功了还是失败了。而且，随着最后期限的逼近，你会越来越焦虑，不知道自己能否在最后期限前完成全部任务。究其原因，是因为在工作进展过程中，你无法获得及时的直觉反馈。

不过，当你运用番茄工作法，获得直觉反馈便简单得多。在每一个番茄钟之后，你可以为刚才25分钟的工作打个好评，从而让自己获得直觉反馈。获得了反馈之后，你便可以随时调整你的工作，掌控全局，让一切游刃有余。显然，一天中的番茄时间个数还是相当多的，而这些番茄时间的安排也不是随意的，如果安排得好，有助于提升工作效率；如果安排得不好，工作效率也会随之降低。这和反馈有非常密切的关系。所以，记录档案是非常重要的。你需要认真地分析档案中的信息，并得到一种直觉反馈，这种反馈会帮助我们对作息时间表进行不断优化，最终产生最优作息时间表。不过，在一开始，你是不容易做到这点的。这并非一蹴而就的事情，而是一个持续的过程，你需要长期坚持下去，坚持做好记录，认真分析，得到反馈，最后你会自己找到最有效的方案。这种方案是靠直觉反馈得来的，不是任何人告诉你的。你在内心深深地知道，这就是你想要的最佳方案。

这里举个例子进行说明。一个整天都在学习的学生，一般的作息时间表往往都是8:30-12:30 和 1:30-5:30。按照这个作息时间表，一天的番茄时间可以先简单地计划为：早上两轮，第一轮四个番茄，第二轮三个番茄。下午两轮，也分别是四个和三个番茄（[4],[3]:[4],[3]）。那么，到底几个番茄为一轮呢？其实是没有强制规定的，这完全由你安排的休息时间来决定。记住，番茄工作法其实是非常灵活的。

而且，每一个番茄时间的工作内容也是可以调整安排的，并非全部都用作学习时间。例如，一天开始的第一个番茄时间，你便可以用来进行整理和计划，看看今天想做什么，将这些任务写下来，制作"今日待办任务"时间表。那么，第一轮还剩下三个番茄时间，第二轮有两个番茄时间，这五个番茄时间可以安排为学习的时间。那么，第二轮剩下一个番茄时间干什么呢？因为你难免要处理一些学习之外的事情，像查看和回复电子邮件，检查语音信箱，打电话等，这些事情都可以放到最后一个番茄时间来处理，也就是说将这些中断用一个专门的番茄时间进行处理。对于下午的番茄时间，你可以这样安排，你可以利用第三轮的第一个番茄时间来回顾上午学习的知识，达到温故而知新的效果。接下来的三个番茄时间则继续学习。第四轮的前两个番茄时间则可以进行复习、总结和整理，也就是对一天所学的内容进行梳理，甚至你还可以复习一下前几天学过的知识。在最后一个番茄时间，你需要认真地记录档案，然后对档案进行分析，并得到直觉反馈。如果按照上文这样安排，那么这个例子中的作息时间表便可调整为：[1+3],[2+1]:[1+3],[2+1]。

反馈是非常重要的。因为这些信息会让你清楚地看到你是怎样安排工作的，以及怎样进行工作的，你会了解所有的细节。对反馈透露出的细节进行仔细分析，你便会非常容易发现自己何时学习效率最高，哪个时间段的复习效率最高，哪个时间段的精力最佳，最适合学习新知识。如果你能明确这些，那么在后续的时间安排中，你便知道怎样安排作息时间是最有效的，便可以按照自己的节奏进行调整。比如，早上可以起床更早一些，或者下午的时间更适合集中学习，午饭后的时间更适合休息等。这些信息都可以透过直觉反馈获得，进而对自己安排的番茄时间进行优化。

安排作息时间表最重要的一点在于：要非常清晰地了解自己的情况，知道如何安排才是最适合自己的，而不是让别人告诉我们如何安排更加有效，因为每个人都是不同的。根据人们的经验，一轮设定为四个番茄时间被认为是最有效的，但是，这也不是固定的，毕竟每个人的情况都是不同的。你也可以缩短或延长时间，根据自己的情况来安排，三个番茄或五个番茄一轮都是可以的。不过，一定要记得，每一轮番茄时间过后都要休息15到30分钟，休息是为了更好地学习，使自己永远精力充沛。你每天的番茄时间安排并不是固定的，也就是说，作息时间表并非固定不变的，它会因为很多原因发生改变。比如说，由于季节的变化，作息时间表也要进行调整。

番茄工作法其实是一种科学的工作方法。一个番茄时间的开始5分钟和最后5分钟可以用来复习你所做过的事情，带给你一种直觉反馈，让你发现之前的行为成效如何。即便是在最紧急的关头，工作方向也能从接下来的番茄时间里做出改变，需要完成的任务也可以重新规划安排。

记住，每天要保证至少记录一次数据，对每一个番茄时间进行追踪。这样的话，你就可以根据目标来测评工作方式，获得直觉反馈。认真地观察并分析你的记录，便可以对整个过程进行优化，或者对工作任务进行改善，制定更加明确的目标或者分解任务，可能有些工作或者阶段是重复的，你需要将他们找出来，进行删除；还有些重要任务可能聚集在一起，你则需要采用不同的策略来处理这些任务，同时减少预测的误差。

　　显而易见，建立直觉反馈是非常重要的。它能让你随时进行优化和调整，不断提升你对时间的利用率。一旦你习惯了这样做，你将越来越懂得如何有效地利用时间。

7 给自己一个承诺

对于所有运用番茄工作法的人来说，承诺是很重要的。它并非可有可无。它会影响你最后的成就感。或者说，这也是一种自律的表现。为什么要给自己一个承诺呢？这里有三大理由。

第一，让自己目标更清晰，方向更明确。

给自己一个承诺可以让你非常清楚地知道自己今天的目标是什么，你要怎样做才能实现这些目标，而不是东一榔头西一棒子，什么事都干一点，结果什么事都干不好。如果你给自己一个承诺，就会集中精力去做好承诺的事情，行动力更强，这样的工作效率也更好。有的人不会给自己承诺，明明自己有很多工作要做，却不知从何下手，反倒造成了拖延的习惯。所以，工作开始之前先做好承诺。

第二，让你获得成就感和自信。

给自己一个承诺也会在心理上产生很强的作用。当你给自己许一个承诺，并诚实地兑现自己的承诺，也就是说到做到后，你会获得一种满满的成就感，进而产生一种自信心。比如，你今天承诺完成的工作任务，在一天结束的时候全都完成了。你是不是会觉得特别充实，是不是很有成就感呢？而且，你还会发现自己变得越来越自信。

第三，避免许多负面情绪，培养自律的好习惯。

给自己一个承诺会让你远离焦虑、烦躁等负面情绪。如果你能长期坚持这样做，会变得越来越自律，虽然你可能有很多事情需要处理，有一项很长远的工作任务要做，但是，你可以给自己许一个承诺，每天做一些，这样你就不会因为事情太多而焦虑，也不会一直拖着不做。看着自己完成的任务越来越多，你也会获得一种心理上的轻松感。其实，给自己一个承诺并认真地兑现承诺也是一种自律的表现，许下承诺后，一定要按照承诺努力去行动，说到做到，严格自律。

在番茄工作法中，给自己许一个承诺也是非常重要的，它会让你一天的番茄时间有一个美好的开始。在运用番茄工作法的时候，你可能制作了一个长长的工作清单，不过，这不能算作是承诺。你可以随时将一项潜在的活动填入清单，这样做也许会让你感到安全。当然，你也可以填入别人强迫你做的事。随着你不断地增加活动，显然，这个工作清单列表只会越来越长。毫无疑问，你是绝对无法在短时间内完成所有这些工作的。承诺带来动机。所以，承诺是必要的。如果没有承诺，即使你完成了某项活动，从这样一份巨大的清单里完成和删除一行，也基本上不会获得任何成就感。毕竟，清单上还有一长串活动在排着队等着你呢。

而"今日待办任务"表格则不同，它其实就是在时间段限定内的承诺。但是，你一定要对自己诚实，绝对的内在诚实，否则，承诺就毫无意义。如果今天不打算做某件事，就别把它填进去。你一定要认真对待这张表格，把它当成你今天最重要的承诺。仔细考量，让这张表格只有今天可以达到的目标。在你填写这张"今日待办任务"表格的时候，宁可少写，也不要多写。可以试想一下，若"今日待办任务"表格中每天都有未完成的任务延续到第二天，是不是会让你很有挫败感？因为这意味着你每天都没有能力兑现承诺。你要将"今日待办任务"表格看成是对自己的一个许诺，剩下的，就是认真地兑现诺言，做到今日事今日毕。和"今日待办任务"表格相比，"活动清单"表格更像传统的工作清单。前面讲过，活动清单的容量没有限制，你可以源源不断地添加各种活动，一些锦上添花的事也可以填进去，完全不必考虑事情到底重要还是不重要，哪怕它永远都排不到优先执行的队伍里也没关系。

你需要明确一点，"活动清单"表格是必不可少的，它让你知道需要做哪些事情，让它们清晰地呈现在纸上，而不是让它们在大脑里打转，而且这样做也不会让你遗忘某些工作。然而，"活动清单"是远远不够的，为了给自己一个承诺，使自己获得工作的激情和动力，你需要量力而行，为一段固定的时间，从"活动清单"中提取一组适量的活动。在运用番茄工作法的时候，这个提取过程都是由你自己来完成的，也就是说，你确实相信这段时间内可以实现这些目标，这就成为自我承诺，其实也是对自己的一个许诺。简单地说，一天，是一个可以预期的时间段长度，而且要完成所承诺的活动，一天的时间也足够长。所以，你一定要正确地认识到"活动清单"表格和"今日待办任务"表格的不同之处，"活动清单"表格只是一份传统的工作清单，"今日待办任务"则是你许给自己的一个承诺。尤其是"今日待办任务"这种表格，你在制作的时候，一定要根据自己的实际情况，不能逞强，务必保证这些填入的活动都能够在今天之内完成。

  毫不夸张地说，给自己许一个承诺可以保证你做正确的事情，现在就开始，并全心全意投入你的工作，你的主要目标就是完成"今日待办任务"表格上的工作任务。

8 坚持不懈地工作是唯一的捷径

很多人刚开始使用番茄工作法时，常常会觉得很不适应，并伴随着严重的焦虑感，就好像自己被计时器控制了一样。这样的人通常会产生响铃焦虑，尤其是那些平时不习惯自律的人或者特别看重结果的人，更容易产生响铃焦虑。他们最开始运用番茄工作法的时候，由于内在的焦虑，很难集中注意力。不过，这并不意味着番茄工作法不适合他们，他们需要进行自我审查，帮助自己从这种响铃焦虑中解脱出来。

不习惯自律的人很容易产生响铃焦虑。对铃声的焦虑主要来源于外界的监督，就好像他们是被强迫服从一样，这种感觉让他们很不舒服，因为他们自由散漫惯了。然而，番茄工作法并非一种自律的工具，并不是一种外界干涉，它只能被人们自觉地运用。

相比于不习惯自律的人，生活中在意结果的人更加常见。对于他们来说，番茄钟的每一次嘀嗒声都是老板在催促你工作，每一次声音都好像是在问："你工作得够快吗？"在他们内心深处埋藏着一种深深的担忧，他们担心自己没有能力证明他们会像想象中的那样比别人优秀，或者比先前的自己优秀。番茄工作法其实也是一种比较方法，不是和别人比，而是和自己比，每一次嘀嗒声都是在证明给自己看："我会做得更好。"

人们总是试图运用自己的聪明智慧来寻找捷径，他们不喜欢这种来自时间的压力。对于这种响铃焦虑更是相当排斥。然而，根本就没有捷径，唯一的捷径就是坚持不懈地努力工作。企图找到捷径的人们却因为各种问题而耽误了更多时间，反而减慢了工作进程，使得时间压力越来越大，他们变得更加担忧和焦虑，从而陷入了恶性循环当中。那么，到底要如何缓解这种响铃焦虑呢？怎么才能将嘀嗒嘀嗒的噪音转变为平和的旋律呢？答案就存在于下一刻的嘀嗒声中。为了不错过这平和的旋律，你最好不要过分在意时间过得多么快。

其实，番茄工作法虽然只是一种简单的运用时间的方法，但是它却让人们对工作时间有一种全新的认识。它会让你明白，在工作的时候，时间无论过得快还是过得慢都只是一种表象而已，这没什么重要的，它并不能代表你的工作进程或者工作效率。人们在使用番茄工作法的时候，常常需要通过记录档案、观察分析的方法来提高自己的工作效率。所以，你应当牢记的是，番茄工作法的一个重要任务便是认真地做好记录。

比如，你正在做一项很重要的工作，这项工作原本安排了四个番茄时间。由于一些原因，你向自己做出这样的承诺："我要在两个番茄时间内完成它。"同时，你还告诉别人你能在两个番茄时间内做完这项工作。在这个例子中，你非常自信地给自己设定了工作期限。其实，设定期限并不是非常重要的，重要的是你如何在两个番茄时间里完成这项工作。显然，你必须努力提高工作效率。番茄工作法强调的也正是这一点。为了提高工作效率，你要进行记录。怎样记录 30 分钟内你的工作，对你来说也是一项挑战。你需要认真对待这种记录的工作，虽然它看起来似乎和你的工作毫不相关，但是，这些记录下来的原始数据是你用来提高自己的基础。不过，你最好不要对是否有提高抱太大的期望，希望越大，失望就更大，你很容易由于没有达到期望而产生挫败感。你必须认识到，这是循序渐进的过程。专注地工作，认真地记录，做好观察、分析，改善自己，最终提高工作效率。若你最终能够明白这一点，那么，你便不会再关注时间的快慢，响铃焦虑也会慢慢消失，你需要为提高效率而集中注意力。

或者，你还可能因为必须在预定时间内完成工作而感到焦虑，就像上面那个例子，你是否真的能在两个番茄时间里如期完成这项工作呢，对你而言，这又是一项挑战。记住，永远不要为了缓解自己的焦虑而试图走捷径，前面已经声明过这一点。在时间这个问题上，是不存在任何捷径的，坚持不懈地工作就是最好的捷径，这也是番茄工作法的规则之一。快要到响铃的时间了，你不可避免地会变得特别焦虑或者担忧，就像学生在考试时间结束时快要交卷一样紧张。你担心自己无法如期完成任务，甚至还希望自己可以提前完成。显然，这种焦虑让你无法专注于眼前的工作，降低了你的工作效率。此刻，你一定要让自己平静下来，不能因为焦虑而变得烦躁，允许自己焦虑，接纳这股焦虑的能量，让它穿过自己，流经自己，不要和它对抗。试着这样一次又一次地体验，慢慢地，当焦虑的能量一次又一次地穿透你，走完它自己的生命历程，然后，焦虑就会消失了。即使还有偶尔出现的焦虑，你也知道如何来处理它。那么，响铃的焦虑便不再成为你的麻烦。接下来，你只需要集中精神，继续专注于眼前的工作，将自己的工作效率维持在最佳的状态。时间的具体连续性刺激着人们的生产力和创造力。平和而持续的节奏是保持工作效率的最佳方式。

所以，对于许多刚刚运用番茄工作法的初学者而言，响铃焦虑是无可避免的。你可能常常被这种焦虑心理打断工作的节奏，甚至变得特别烦躁，觉得番茄工作法可能不适合自己。如果你过早放弃这种方法，的确有些可惜。在一天当中，即使只有一个番茄时间是没有被打断的，就已经是卓越的成果。第二天就要努力争取两个没有被打断的番茄时间，或者更多。通过一天又一天的努力，你也在不断进步。其实，一天内完成了多少个番茄时间对初学者来说不是很重要，这也是一个循序渐进的过程，从刚开始的一天完成3到4个番茄时间，到后来一天内完成10到12个。最后你终究会领悟到，响铃焦虑没什么大不了的，焦虑的情绪来了，就让它来，走了，就让它走。焦虑最多只是一种情绪而已，不要排斥它，不要抗拒它，否则，越抗拒越持久。学会拥抱这种焦虑的情绪，让它走完自己的生命历程，然后，它也会放过你。你只需要坚持不懈地专注于眼前的工作就行了。用不了多久，你便会永远地从响铃焦虑中解脱出来。

CHAPTER 4
第四章

发生意外怎么办

番茄工作法

1 天大的麻烦，先坚持下去

现在，相信你已经非常清楚，在任何一个番茄钟内，你是不应该切换活动的，也不应该因为其他的事情停止当前的活动。然而，世界上的事情总是在不断变化的，不可能按照你的计划来安排，正所谓，计划赶不上变化。谁也难保你今天不会遇到一个大麻烦。所以，你应该明白，工作中遇到麻烦是很正常的，也就是说，中断是常态。当然，中断是多种多样的，有的中断很好处理，像电子邮件和电话，你一般很容易对付：将它们直接关掉就好了，这样的小麻烦对你来说不算什么。可是，有的中断却相当麻烦，特别是那些无法控制的中断。如果你遇到这些无法控制的中断怎么办呢？例如，当你正处在番茄时间内，突然接到一个紧急求援电话，或者你突然想起一些急事必须得做，又或者要去洗手间怎么办？

番茄工作法也不能将我们高高挂起，它更不是让我们闭关修炼，它是无法为我们免去所有这些中断和干扰的。显然，新的需求总是猝不及防地不断冒出来。怎么办呢？若你总是不停地追赶那些已知的需求，那么，最终的结果是所有的长期活动都要不停地延后。显然，一旦持续下去，你永远没法完成任何事情。因为，最后进入的一件事总是排在第一位，那么之前你安排好的任务只能不断后推，这势必让事情一团糟，你甚至会忽视今天最重要的工作。而且，若你不断地被迫花精力接收和评估新的信息，使得你原来安排的活动根本就无法正常进行。这会让你永远处在一种慢性精神过度刺激状态，你的压力也会持续增大。如果你长期在压力状态下工作，你的工作成果可想而知。与之相对，还有一种做法是大计划先行。比如，你在新年夜坐下来，拿出一支笔、一张纸，开始计划未来：首先，你在纸上写下1月1日要做什么，然后1月2、3、4日，依次类推，直到12月31日，你在纸上写下一年三百六五天每天需要做的事情。这之后，你买来成箱的火腿肠和方便面，把自己锁在地下室里，开始为期一年的工作。的确，这种方式似乎可以帮助你来拒绝周围的变化。但是，这明显是非常不切实际的做法。

其实，当你运用番茄工作法时，你还有第三种选择。如果任何改变发生了，你可以既接受改变，又给你专注于履行承诺的时间。如果你接到紧急的任务，你该怎么办？如果你很忙，心情烦躁，焦虑缠身，你该怎么办？如果工作的截止时间在逼近，你该怎么办？人不是机器，任何麻烦的事情都有可能发生，在处理这些状况的时候，番茄工作法为你提供了良策。

首先，你应当先让自己静下心来。等到自己心平气和的时候，再试着研究一下当时的状况，千万不要手忙脚乱，把事情弄得一团糟。你目前最重要的任务是弄明白这个番茄时间里到底发生了什么，到底是什么样的麻烦困住了你。将这些问题搞明白后，若你觉得有必要，完全可以重新安排活动。所以，让自己静下来是非常有必要的。只有让心安静下来，你才能做出正确的决定。然后，你还应当有一份开放的心态，接纳任何糟糕事情的发生，然后积极地寻求解决之道。所谓开放，就是拥抱生活中的任何变化，接受任何事情的发生，不再抗拒任何的麻烦。当你接纳了这些麻烦，它们便不再让你乱了方寸。然后，你才有力量去解决它们。你可以向别人咨询，请求别人的帮忙，然后利用新点子找出最关键的任务。找出解决方案后，你只需要专注下一个番茄时间的工作即可，不要分神，集中精力完成任务。事实上，如果你有高度的专注力，而且能保持足够清醒的意识，那么你的工作效率通常会比较高。如果在每一个番茄工作时间都能进行高效工作的话，最后的成就一定会让你惊讶。

但是，如果你感觉到特别疲累，却又面临着很多工作任务。怎么办呢？这时，你要学会听从自己内心的声音，毕竟人不是机器。一定不要勉强自己，尽可能让自己舒服一些，你可以安排短一点的番茄时间组，也就是减少每轮番茄的个数（比如，由每轮4个番茄时间减少到每轮3个）。仅仅这样还不够，你还应当延长每轮之间的休息时长，让自己从长时间的休息中获得能量，恢复精力。至于休息时长到底要延长多久，完全取决于你自己，这是完全灵活的。但是，需要牢记的是，当你处在休息时段，就必须将所有工作暂时抛在脑后，保证在休息的过程中得到有效放松，并完成大脑的充电。无论遇到多大的麻烦，你也不能以疲惫的状态进行工作。别把自己想得那么重要，即使没有你，地球仍然也会照样转动。

你一定要明白的是，当你的状态越差，越会觉得疲惫，感觉自己还有一大堆的任务，或者觉得非常焦虑、惶恐的时候，你就必须停下来，整理自己的心情，让大脑和身体得到休息，调整好自己的状态。好的状态是高效工作的前提。如果你只是想抓紧时间，在这种糟糕的状态下继续工作，你不但让自己一直都处于不好的感觉中，而且会越来越感到心神俱疲，即便是非常简单的工作任务也会让你感觉压力非常大。所以，最重要的一点就是，你不要将心思放在那些失去的时间上面，而是要专注于当下的任务。换句话说，不管遇到天大的事情，你都不要乱了阵脚，努力坚持下去。只要你坚持这样做，那么你也会练就出一种本领，不管发生了多大的事情，你总能找到应对之策，并继续下一个番茄时间。你应当相信自己具有这种应变能力，这并不困难，但是却需要你进行一段时间的练习。

2 集中你的注意力

有人专门做了一份研究,发现公司的员工在办公室上班时,大约每3分钟就会被打断一次工作。这个研究结果实在让人大跌眼镜。这份研究还表明,人们在电脑屏幕同时开启的窗口数,平均为8个。精神病学家爱德华·哈洛威尔创造了名词"注意缺乏特征"(ADT)来描述这种恶劣的现代生活方式。如今是信息时代,滚滚而来的信息洪流毫不留情地将人们的大脑淹没在其中。如今,人类的大脑每天要接触的信息量实在是过于庞大。你可以稍微想象一下如下的场景:当你开始新的一天,正在整理新收到的电子邮件,突然,客户发来一份合同,需要你立即填写,并扫描回传;然后,你的上司又来找你,跟你谈工作上的事情;与此同时,你又接到电话,IT部门需要你提供一些资料……心理学和脑科学研究的新发现表明,并行处理和应对干扰的能力都面临同样的瓶颈:工作记忆的容量有限。每一次干扰都会使我们的大脑工作台上的原始信息丢失。当注意力丢失时,找回它要付出昂贵的代价。然而,注意力是成就一切事情的基础,事实上,唯有那些高度专注于自己所做的事情的人,才可能把事情完成得漂亮。换句话说,注意力是人们做任何事情的关键所在。

我们首先来了解一下什么是注意力以及它的基本特征吧。

注意力,通常指的是选择性注意,即注意是有选择的加工某些刺激而忽视其他刺激的倾向。它是人的感觉(视觉、听觉、味觉等)和知觉(意识、思维等)同时对一定对象的选择指向和集中(对其他因素的排除)。人在注意着什么的时候,总是在感知着、记忆着、思考着、想象着或体验着什么。不过,人在同一时间内却无法感知很多对象,仅仅只能感知环境中的少数对象。然而,要获得对事物清晰、深刻和完整的反映,就需要使心理活动有选择地指向有关的对象。人在清醒的时候,每一瞬间总是注意着某种事物。通常所谓"没有注意",只不过是对当前所应当指向的事物没有注意,而注意了其他无关的事物而已。

注意力包括四个方面,即注意的广度、注意的稳定性、注意的分配和注意的转移,评价一个人注意力好不好,往往是从这四个方面来衡量的。

1. 注意的稳定性

注意的稳定性指的是一个人在一定时间内,比较稳定地把注意集中于某一特定的对象与活动的能力。比如,当你正在工作或学习时,大脑会不会经常"溜号",出现人们常说的心不在焉的状态。

经常心不在焉的人注意的稳定性也是非常糟糕的。

2. 注意的广度

注意的广度指的是注意的范围有多大，它指的是人们对于所注意的事物在一瞬间内清楚地觉察或认识的对象的数量。研究表明，在一秒钟内，一般人可以注意到4~6相互间联系的字母，5~7个相互间没有联系的数字，3~4个相互间没有联系的几何图形。不过，注意的广度也是因人而异的。一般来说，孩子的注意广度要比成年人小。但是，随着孩子的成长及不断地有意识训练，注意广度会不断得到提高。

3. 注意的分配性

注意的分配指的是一个人在进行多种活动时可以将注意力平均分配于活动当中。例如，孩子能够一边看书，一边记录书中的精彩语言；你能够一边工作，一边听音乐。但是，人的注意力总是有限的，无法关注所有的东西。如果你想要注意所有的事物，那最终可能什么都注意不到。但是，在注意的目标熟悉或不是很复杂时，却可以同时注意一个或几个目标，并且不忽略任何一个目标。不过，是不是能够做到这一点，还和注意力能够持续的时间有关，所以要根据自己的实际能力，逐渐培养有效注意力的能力。

4. 注意的转移性

注意的转移是指一个人能够主动地、有目的地及时将注意从一个对象或者活动调整到另一个对象或者活动。注意力转移的速度是思维灵活性的体现，也是快速加工信息形成判断的基本保证。例如，在孩子看完一个有趣的片子后，让隔壁的姐姐给孩子来讲解数学的解题思路，如果孩子能迅速地把注意力从片子中转到解题当中，孩子的注意转移性就不错。

注意力集中和注意力转移是一个事物的两个方面。孩子每天都在这两种状态下学习或生活，每天要上好多节课，每一节课的内容都有所不同。上语文课的时候全神贯注，上数学课时无法让注意力从语文课转移到数学课上，那么数学课的学习效果就会大打折扣。可见，对学生来说，学会注意力转移和注意力集中对提高学习成绩同样有益处。

那么，言归正传，注意力和番茄工作法有什么关系呢？

即使一个番茄钟只有25分钟，如果你尝试过这种方法，就会很快发现，每天仍然会有各种干扰将我们所专注的工作打断，也就是强迫性地分散我们的注意力，迫使我们为环境切换付出代价。然而，番茄工作法不是那种只能用于闭关修炼的法门。它欢迎所有的可能性，接受所有的变化。但是，当你开始运用番茄工作法，便能知道如何处理这些中断，并集中注意力做好手头的事情。

番茄工作法令你专注在当下的番茄时间里，使你能够在当下的番茄时间里集中注意力，完成一个了就接着下一个，井然有序。你的注意力只在当下，而且是高度集中的，此时的工作效率是最佳的。你会自然而然地不断寻找保持工作连续性的方法，并自动找到最合理的方式执行手头的任务。

有时候，各种干扰太多，许多杂七杂八的任务让你十分头大，使你一时间不知道要先将注意力放在哪一件事情上。那么，你可以利用番茄定时器来帮助你分清事情的轻重缓急，并制订出新计划。

等你理清了思路，知道该先做哪一件事情，就开始给定时器上个发条吧，集中你的注意力，开始工作。

许多因为工作任务繁杂的人都会从番茄工作法中受益良多。他们往往会因为工作中的各种干扰变得焦虑、烦躁，每天承受着巨大压力，久而久之便产生了拖延症。可是，运用番茄工作法一段时间后，他们终于可以集中注意力，做出点成果（指最多用5到7个番茄时间能完成的任务），不再焦虑不安。一次一个番茄时间，不断完成任务，不断完成目标。而且，他们也深刻地体悟到，工作的首要目标就是不受任何干扰地完成一个番茄时间，即在25分钟里专注做一件事。

3 坚决不让内部中断扰乱番茄钟

　　人们在运用番茄工作法的时候，最大的障碍便是各种各样让人防不胜防的中断，这些中断有来自外部的，也有来自内部的。相比外部中断而言，内部中断有时更加频繁，带给你更多的麻烦，使你无法集中注意力专心工作。或许，你还不清楚内部中断具体指什么，那么，以下一些简单的例子会帮助你理解。比如，在一个番茄钟内，你突然想起要打电话订票，或者突然想要喝一杯咖啡，又或者突然想看下菜单挑选中午吃什么，等等。这些都属于内部中断。那么，如果这些中断产生了，你是不是要立即放下手头的工作，去打电话订票，或者去查看菜单呢？不。如果你决定遵循番茄工作法，就要继续你的工作流程，将大脑里嗡嗡作响的各种噪音尽可能地屏蔽掉。那么，怎样减少内部中断呢？这些中断来了，你还是要实事求是，统计一下自己每天会有多少内部中断，这些中断都属于哪种类型？清楚地了解这些，你才能正确地处理内部中断。

当然，有些内部中断还是要处理的，虽然不能在当时那个番茄钟内处理，还可以将这些事项填入"今日待办任务"表格下方。其实，在"今日待办任务"表格内，有一个专门的栏目是"计划外紧急"。像打电话订票这样的事情就可以归属到计划外事件，而且有的事情似乎也很急。接下来，你可以在"今日待办任务"表格当前活动的右边，用铅笔画上一个撇号（'）。这是为了做跟踪。这种记录方法简单而且方便，不费时间。一个撇号就代表一次内部中断。那么，当一天工作结束的时候，你就可以统计一整天撇号的数目，了解自己这一天内发生了多少次内部中断，然后采取正确的对策，尽可能想办法减少内部中断。这种方法也是你正确处理内部中断，保护番茄钟的最佳方式。

事实上，内部中断是各种各样的，除了像订票这样需要处理的事情，还有些是来自情绪方面的，这样的中断往往是最麻烦的，它会造成巨大的内耗，让你没有力量进行眼前的工作。你会不知不觉就陷入情绪中，甚至不知道自己何时可以走出来。比如，你在工作的时候突然想起妻子说的某句话让你很不舒服，或者领导对某件事情的处理方式让你觉得很不公平，你感到非常委屈或者愤怒；又或者，孩子最近的学习状况让你非常忧心……不知怎么地，这些情绪就突然从心里冒出来，大脑喋喋不休，内心出现各种不舒服，使你无法继续番茄钟。对于这类内部中断，你要提升自己对情绪的处理能力，先处理情绪，再处理事情，不要让其破坏你正在进行的番茄钟。

对于有些内部中断，你还是不能置之不理的，需要采取一些策略，就像订票、喝咖啡这类中断，首先，你不要因为这类中断的出现而变得烦躁，要接受它，并认真地做好记录，接着，你应当继续你的流程，保护好番茄钟。像喝咖啡或者喝水之类的中断，你应当只在番茄钟之间的休息时间去喝咖啡或者喝水。

还有一些内部中断是必须立即处理的，比如，你着急去洗手间，那是无法被记录在"今日待办任务"表格的，你要立即去。若你去洗手间之前还不忘看一眼时间，发现当前的番茄钟只剩5分钟，那么，上完厕所后，你是不是还能继续完成剩下的时间呢？绝对不行。

番茄钟有一个最基本的属性，就是原子性，也就是说，番茄钟是不可分割的。对于番茄工作法而言，番茄钟是这套流程方法中最小的单位。所以，若你因为不得不上厕所而放下了任务，那么，眼前的这个番茄钟就只能作废，哪怕只剩下两三分钟，也要重新开启下一个新的番茄钟。当然，若有必要，你可以让自己休息一下，然后才开始下一个番茄钟。

可能有的人会觉得奇怪，为何不将几个小段的时间加起来算成一个番茄钟呢？这样不是更有成就感吗？从表面看起来，这样的确能增加你完成番茄钟的个数，但是，这会让你失去保持节奏的目的，你也会变得越来越屈服于中断的诱惑。那么，反过来，是不是作废番茄钟就代表着失败呢？不是。在番茄工作法中，并不是你"完成的番茄钟数"越多，就代表工作能力越强。番茄工作法只是如实地记录你所付出的25分钟的努力，而且这25分钟绝对是不可分割的。你必须绝对诚实，实事求是地记录自己一天中到底完成了多少个番茄钟。这个记录是非常重要的，你可以根据它来改进第二天的工作流程。

常常有这样一种现象，番茄工作法的初学者常常会感到惊讶，自己竟然在一天内完成不了几个番茄钟，这的确让自己大受打击。如果你想自己作弊，对内部中断睁一眼闭一眼是于事无补的，你最好对自己绝对诚实。记录跟踪数据，就是为了进行自我改进和流程改进，而不是留到年底拿这些记录跟老板谈加薪。

当然，为了鼓励一下自己，增强你使用番茄工作法的信心，你还可以设法降低难度，缩小番茄钟，尝试改为15、10甚至5分钟。等到发现自己每天都能画下不少×的时候，再慢慢延长番茄钟到20分钟，最后到25分钟。不过，你应当记住，不同长度的番茄钟互相不兼容。对于5分钟番茄钟的×和25分钟番茄钟的×来说，你跟踪的数据完全没有可比性。你应当保持较短的番茄钟至少两个星期，来建立你对番茄工作的信心。你还可以跟踪在每个番茄钟内，多长时间遇到第一次内部中断。尝试比上一个番茄钟专心更久一点点，持续不断地进步。跟踪这项数据也可以帮你设定适合自己的番茄钟长度，避免被打断。

当你意识到要发生内部打断，而你又不能很好地处理它，只能打断当前的工作，如果经常这样，那么完成一个没有打断的番茄时间就显得很困难。在这种情况下，我们建议你还是把15分钟设定为一个番茄时长，因为这个长度相对较短，更适合人们集中精力而不分心。努力完成一个没有打断的番茄时间，而后再一个一个增加，重要的是不要减少。"这个番茄时间我坚持了10分钟不被打断，下一个番茄时间我要坚持到10分钟以上。"慢慢地，你就能做到坚持25分钟不被打断。

4 下一个番茄时间我会做得更好

在实际生活或工作中，人们常常都会有这样的体会，明明计划得好好的，可是，总是有这样或那样的事情扰乱你的计划。有时候，你明明时间充足，却由于各种原因没有把时间利用好，于是，你感觉非常糟糕，为自己浪费了一个番茄时间而自责。其实，这是完全没有必要的，人毕竟不是机器，不可能按照固定的程序按部就班地工作。每个人也不是孤立地生活在这个世界上，你无法将你的计划凌驾于所有的事情之上。所以，你没有按照计划利用时间是再正常不过的。生活中的意外总是出现得很突然。意外出现了，一切看起来全乱套了，你变得烦躁焦虑。显然，这没有丝毫用处，甚至会影响你的下一个番茄时间。意外是无法预防的，也是经常会发生的，这是无法改变的事实。你唯一能做的就是以平和的心态来拥抱意外，并深深地相信：下一个番茄时间我会做得更好。

在一个番茄时间内，你的思绪有时就像天上的白云，飘过来，飘过去，这些念头就像在和你捉迷藏一样，永远不受控制，你也不知道它什么时候会来，什么时候会走。你是不是常常有这样的念头：如果我昨天在网上研究了那份资料，今天学习就会更容易了；如果上周我就发了那份E-mail，现在就不用这么麻烦了；如果下周我就把报告交上，我就可以……各种各样的想法总是莫名其妙地出现，它们让你变得非常浮躁，甚至陷入深深的焦虑之中，于是，你的能量便在这样的内耗中不知不觉浪费了。内耗的原因有很多种，有些人开始一件事前就会预设自己做不到理想的状态，然后开始自我排斥，自我纠结，由此带来的挫折感的负反馈又开始让人自我排斥，最终形成一个恶性怪圈。

在现实生活中，有这种内耗型人格的人多如牛毛。他们明明一天没做什么事情，却累到不行，好像自己真的操劳了一整天。像这样的人如果在使用番茄工作法的过程中遇到意外事件，也很容易陷入内耗之中，内心被挫折感和焦虑感狠狠折磨。如果一直这样下去，他们浪费的不仅仅是眼前这个番茄时间，甚至会导致一天的时间都这样被浪费了。若真如此，他们使用番茄工作法便失去了意义。

番茄工作法强调，始终要关注的是工作效率，将所有的精力放在当前的番茄时间上。这个番茄时间如果完成了，你便可以开启下一个番茄钟。如此，你便进入了一个良性循环。所以，你的注意力始终是在当下的，不能关注过去，也不能关注未来。对于眼前的番茄时间来说，那些都毫无意义。

当意外发生了，你感到非常焦虑，烦躁不安，根本就没有心情工作，甚至都无法继续眼前的番茄时间。可是，如果你不继续下去，眼前这个番茄时间的工作任务是无法完成的，你又陷入了深深的挫折感之中，变得更加焦虑。如果是这种状态，你最好停下来，不要逼着自己继续工作，将眼前这个番茄时间作废也没什么大不了的，这总比浪费一连串的番茄时间要好得多。接下来，你可以用一个番茄时间来重新休整自己，好好思考，冷静地面对现实，重新安排工作计划，制定作息时间表，然后再继续开始下一个番茄钟，并给自己一个承诺，下一个番茄时间我会做得更好。

从心理学角度而言，这是一种心理暗示。心理暗示的力量是巨大的，强大到可以左右一个人的命运和生活。心理暗示不仅能影响我们的心理与行为，还能影响我们的生理机能。积极向上的暗示，可以为你带来各种机会和希望，让你的生活充满阳光；而消极的自我暗示，只会让你的状态越来越糟糕。下一个番茄时间我会做得更好便是一个积极向上的心理暗示。如果你经常这样进行暗示，你下一个番茄时间真的会做得很好。

事实上，很多有严重拖延症的人自从运用了番茄工作法后都感到受益匪浅，拖延的现象也大大改善了。只要牢牢记住番茄工作法的原则和核心，专注于每一个番茄时间，就能集中注意力完成一项又一项任务（每项任务至多5到7个番茄时间）。即使发生了意外，他们在工作时也不用考虑其他任何事情。一次一个番茄时间，一次一个任务，一次一个目标。懒散是人的本性，意识到一个目标并实现它，这是很重要的。

5 学会用内外归因制定解决方案

对于所有运用番茄工作法的人来说，意外都是经常发生的。既然意外不可避免，你就要提高在运用番茄工作法的过程中处理意外的本领。也就是说，如果意外出现了，该如何解决。这就好像老天下雨是经常发生的，但是，如果下雨了，你要么打雨伞，要么穿雨衣，永远都有应对之策。意外的出现也是如此，关键在于你能否妥善地解决它。首先，从心理层面来看，你需要正确地看待意外，平静地接纳意外的发生。其次，你需要寻找解决方案。也就是说，如果意外发生了，你是否有相应的解决对策呢？要知道，任何意外的发生都是有原因的。所以，当意外发生了，可以尝试从意外出现的原因来寻找解决方案。本节将介绍如何利用内外归因制定解决方案。

首先，你需要了解内外归因理论。

归因指个体根据有关信息、线索对自己和他人的行为原因进行推测与判断的过程。归因不仅是一种心理过程，而且也是人类的一种普遍需要。归因理论最初是由F.海德在《人际关系心理》中提出来的，他指出人的行为的原因可分为内部原因和外部原因。内部原因是指存在于行为者本身的因素，如需要、情绪、兴趣、态度、信念、努力程度等；外部原因是指行为者周围环境中的因素，如，他人的期望、奖励、惩罚、指示、命令，天气的好坏、工作的难易程度等。

简单地说，就是当你在运用番茄工作法的时候，如果遇到意外，没有按照计划完成"今日待办任务"表格里的任务或者没有按照计划完成某个番茄钟内的活动，要积极寻找原因，然后用内外归因理论来制定解决方案。例如，你正在进行某个番茄钟的活动时，大脑里突然浮现出一件某个人让你感到非常不舒服的事情，以至于你整个人一下子陷入了巨大的情绪波动之中，完全没有精力继续眼前的工作，你明明知道眼前的事情非常重要，可是，你就是非常伤心、难过，不能自已。过了3分钟、5分钟甚至更长时间，你都无法从情绪中走出来，最后响铃了，你的任务并没有按期完成。如果从内外归因角度来看，这种意外应当归属于内部原因，也就是由你自身的原因造成的意外。你的情绪导致了意外的发生。像这类意外的发生其实是可以减少并避免的，只要你能不被情绪掌控。又或者，虽然你一直都在工作，可是，事实上，你非常清楚自己并不是很努力，甚至有些漫不经心，最后你的工作也没有按照计划完成，导致了意外的发生。显然，这也是由你本身的原因导致的意外，和别人毫无关系。你应当更加努力一些，才能避免这些意外的发生。还有一种情况，就是番茄钟内的活动是你完全不感兴趣的，但是你又不得不完成，你以一种抗拒的心态做着这项工作，因此，你的工作效率并不高，甚至会出现意外。同样，从内外归因理论来看，这些都是你自身的原因。你必须改变自己，尽量让自己对眼前的工作产生兴趣。以上这几个例子都是属于你本身原因导致的意外，要寻找解决方案，只能从自身方面努力，不管是情绪方面、努力程度方面、兴趣方面，抑或是其他方面，都需要你进行自我调整，才能逐渐减少并避免这些意外的产生，使番茄钟内的活动顺利进行。

　　事实上，你可能也会发现，在你运用番茄工作法进行工作的时候，很多意外并不是由内部原因导致的。这样的例子不胜枚举，而这种意外的解决方案就没有内部原因导致的那么简单，它常常会更加复杂。比如，当你开启了一天的番茄钟，正在全身心地投入工作时，突然家里发生了紧急事情，你不得不作废许多个甚至一整天的番茄钟来处理家里的事情，像这样的意外，你只能先处理突发事件，然后重新安排工作计划。你无法仅凭调整自身来寻找意外的解决方案。大多数时候，对于外部原因造成的意外，你的可控能力更差，不得不屈从于外部的大环境。再比如，当你正专注于当下的番茄钟时，你的上级突然给你下达了新的指示，并告诉你现在做的工作要完全取消掉。毫无疑问，这样的意外是由于外部原因导致的。或许这会让你变得烦躁，甚至产生挫败感，刚才的努力竟然被白白浪费掉了。你是坐在那里抱怨还是收拾好心情解决问题呢？抱怨是没有任何用处的，事情只会越来越糟。你仍然只能作废眼前的番茄钟，根据领导的指示重新安排工作。不难发现，由于外部原因导致的意外往往都是不可控制的，经常需要根据外部因素重新安排番茄时间。

  但是，不管是内部原因还是外部原因导致的意外，都需要进行适当地调整。只是内部原因一般都是可以控制的，而外部原因则是无法掌控的。无论何种意外，都要找到原因，寻找解决方案，并保证番茄钟的运行。始终要牢记一点，你最终的目的是保护番茄钟，不能因为任何意外扰乱你的节奏。你可以通过适当地调整让所有事情可持续进行。通过一段时间的练习，你便会娴熟地运用内外归因来制定解决方案，意外对你的干扰程度也会越来越低，每天能够顺利完成的番茄钟会越来越多，这也会大大增强你的信心和成就感。当然，这也是番茄工作法带给你的益处之一。

6 不要忽视你的能力上限

不同的人对运用番茄工作法的体会是不同的。一般来说，很多工作能力很强的人往往都能顺利按照"今日待办任务"表格来进行一天的活动，即使发生了意外，他们也能及时高效地处理，保证番茄钟能够顺利运行。但是，也有一些人并没有清楚地认识到自己的能力，在制定计划的时候很可能超出自己的能力范围。当意外发生时，他们处理意外的能力也显得不足，往往手忙脚乱，将一天的番茄时间都弄得一团糟，许多番茄钟内的活动也未能按照计划完成。这会让他们变得焦虑和烦躁，甚至觉得番茄工作法不适合自己。一旦有意外发生，更是如此。

其实，每个人的能力都是不同的，有的人思考能力比较强，有的人沟通能力比较强。能力是完成一项目标或者任务所体现出来的综合素质。对于运用番茄工作法的人来说，认清自己的能力上限是非常重要的。如果你忽视了自己的能力上限，在制定"今日待办任务"表格的时候，完全不考虑自己的能力，填入了许多超出自己能力范围的活动，或者安排的番茄时间不合理。那么，到一天结束的时候，你会发现表格中有很多计划外（U）标记，或者"计划外紧急"区有很多项活动。又或者，在早晨选择一些活动，傍晚时却发现今天所完成的活动大部分都不是早晨时选的，经常这样，计划阶段就不会有做出承诺的使命感。如果没有承诺，那么在做当天总结时，会觉得只有苦劳，没有功劳。还有一种情况是，一天当中的多个番茄钟内的活动都没有办法按计划完成，如果是意外发生，就更糟了，这让你手忙脚乱，产生很强的挫败感。

所以，认清自己的能力上限是非常重要的。要做到这一点，你需要不断地进行实践，做好跟踪和记录。例如，你并不知道自己在一个番茄钟内能写多少字的报告。可能一开始你觉得自己25分钟内写完1000字的报告是没有任何问题的。可是，经过实践后，你会发现自己竟然最多只能写600字，那么，在具体的实践中，你便能逐渐获知你的能力上限。当然，对不同的工作，你所表现出的能力上限是不同的，而且每个人在不同能力方面的优势也是有差别的，但是，这些都需要真正的实践告诉你答案。

如果你清楚地知道自己的能力上限，那么，在做计划的时候就知道如何根据自己的能力安排工作任务。当然，你绝不能完全按照自己的能力上限来制定"今日待办任务"表格，你还应当给自己留有余地。如此一来，即使发生了一些意外，也有足够的时间进行处理。实际上，按照能力上限将自己的时间塞得满满当当并非明智之举。否则，一旦意外来临，一切将陷入混乱。

番茄工作法的主要目的在于提升个人的工作效率，高效地运用时间。无论你的能力高低，番茄工作法都能够帮助到你。但是，前提是你不能过分高估自己的能力。从心理角度来看，你做出的任何超出自己能力的安排都会让你产生极大的挫败感，并使你陷入极大的焦虑之中。事实上，这也更容易让你碰到各种意外，因为越忙就越容易出乱子，导致恶性循环。

你要知道的是，在使用番茄工作法时，你的内在必须绝对诚实。毕竟，你的工作计划安排是为自己制作的，绝不是为了获得上级的奖励和赏识。既然如此，你就应当量力而行，最好能够为难以预料的意外做一些准备。那么，当一天结束时，当你看到自己能够顺利地完成每一个番茄钟的任务，甚至能够妥当地处理一些意外，你就会获得一种极大的满足感和成就感。这种感受让你对自己产生足够的信心，并在第二天以极大的精力投入到工作中。无论如何，这种感觉相当不错，难道不是吗？对自己宽容一点吧，不要过度安排自己的工作，让自己喘不过气来！任何时候，都要记得量力而行！

CHAPTER 5 第五章

不能忽略的风险评测

番茄工作法

1 预估前先做好记录

当你结束了一天的工作，通常会有一种如释重负的胜利感。接下来，你会计划着下班后去哪里放松一下，让自己尽情地享受工作之余的休闲时光。可是，对于运用番茄工作法的人来说，你还有一件重要的事情要做，那就是记录。这是一天当中的最后一步，也是不应当被省略的一步，因为它直接关系到番茄工作法的效果。记录是番茄工作法的重要组成部分，它是不可或缺的。

记录的方式也非常简单。你完成的番茄时间便可以转化为一份纸质文件。或许，相比纸质文件，你现在更加喜欢电子表格，那也可以，当然，数据库也不失为一种选择，只是，和它们比起来，纸质文件有时候更加方便。在这之前，不要忘记在"活动清单"上英雄般地划掉那一项项你已经完成的活动，宣告你今天的胜利。接下来，还有一项重要的工作等着你，那就是跟踪和记录。这看似和你

第五章 不能忽略的风险评测

的工作无关，但是，它却能让你在计算预估值时更加容易，除此之外，它还有更多的利用价值。

一开始，主要是对每项任务需要多少个番茄时间进行跟踪和记录。也就是说，你要对自己完成每一项任务需要耗费多少时间做到心中有数。为了让你的记录看起来更加直观，你可以将其制作成表格的形式，这种形式往往更加直观，让人一目了然。在表格中，你需要设置日期、起始时间、活动类型、活动内容、所用番茄时间数量、所达成目标的简述、可改善空间及问题所在。这个表格的制作是相当容易的，除非你想让它变得复杂。番茄工作法中的记录是为了追踪每项活动所花费的番茄时间数量，至于每项活动何时开始、何时结束并不重要。你要真正地明白这一点，这对于理解番茄工作法来说是非常重要的。

请重视记录工作，它不是无关紧要的，而且你在记录时也不应当出错。事实上，它给使用番茄工作法的人们提供了一个有效的工具，用来自我观察和做决策，甚至改善活动流程。例如，通过记录，你便可以清楚地知道自己花在工作或探索性活动上的番茄时间有多少。或者，你还可以看看自己一整周总共完成了多少个番茄时间，每一个番茄时间的完成都是值得庆贺的。借由非常简单地跟踪和记录，不用涉及任何运算，你便能获得一份非常有用的报告，通过这份报告，你在每项活动上所花费的时间便非常清楚。同时，你还可以了解在质性和量性方面的预测误差。

其实，番茄工作法是非常灵活的。为了保证番茄工作法的适应性，使记录和跟踪更加顺利，你应当记住下面几个要点：

1. 某种工具的使用意味着让事情变得愈加复杂。《论语》说，工欲善其事，必先利其器。工具对于番茄工作法也是有影响的。所以，在工具方面尽可能选择灵活性高的，尽量选择简单的纸、铅笔和橡皮擦吧，这几种工具可以让你使用起来更加灵活，而且它们也很容易获得。如果你不小心写错了，拿橡皮擦擦掉就是了。

2. 尽量用最低的复杂性保持追踪，包括对一些小活动的记录也是如此。所以，再强调一遍，记录时尽量选择简单的工具：纸、铅笔、橡皮擦，仅仅对它们的使用就是一个非常有效的脑力劳动。

3. 要想让记录简单有效，建议你还是选择自己可以轻松驾驭的工具。在你试图选用电子工作表或者数据库之前，尽可能看看它们能不能被纸、铅笔和橡皮擦代替。

简单化，尽量简单化，这是工作高效的诀窍之一。同时，这也会让你的跟踪和记录工作更加轻松，让你十分愿意做这份工作。对你而言，这份记录也是你一天的工作报告。当然，前面已经一再重申过，记录的目的是计算每项活动耗费多少个番茄时间，这才是你真正应该关心的问题。一方面，你可以了解自己哪些活动耗费的番茄时间过多，是否需要改善。另一方面，也是最重要的，它可以成为你在今后做计划时的参考依据。借助这些记录，对于各种类型的活动耗费的番茄时间数量，你都能做到心中有数，这才是最实际的。

关于改善，这也是记录能带给你的益处。通过记录表中显示出的数据，你也可以仔细考量一下番茄工作法的所有阶段是否都是有效的，是否可以进一步改善，比如，在得到一样效果的前提下是否可以略过某个阶段。例如，记录表显示，你竟然总共耗费了10个番茄时间来撰写、修改和浓缩《如何学习画画》这篇文章。看起来，这10个番茄时间的确有点多，是否能够精简一下呢？比如，看看有没有可能减少一个番茄时间。你可以问问自己："我想用更少的时间来完成一篇类似的文章，这可以做到吗？是不是有哪些步骤可以省略呢？我该如何重新组织安排才能达到更好的效果呢？"经过这样的反思，你慢慢就会非常清楚以后写一篇类似的文章要怎样组织安排，大概需要耗费多少个番茄时间。这将对你今后的预估非常有帮助。同时，这样的改善也会提升你的效率。如果你没有记录，那么，即便你想改善也无从下手。

记录的另一个重要价值则体现在预估方面。例如，在接下来的活动计划中，当你在制定"今日待办任务"表格时，为每项活动耗费的番茄时间进行预估。可是，有时候，你真的不知道某项活动到底需要花费多长时间，这似乎成了一个难题。如果凭空预估一个时间，这往往是不准确的。不要着急，从你的文件袋中拿出之前的记录表，翻看一下有没有类似的活动，并查看你完成这项活动时花费的番茄钟个数，就以此为依据进行预估吧。这总比你凭空想象来得更准确，同时也大大降低了预估的难度。

还有一些活动，它看起来比较复杂，你不确定它是否要花费7个以上的番茄钟，不知道该不该将其分解。同样地，去向以前的记录求助吧，它永远愿意无偿地为你效劳。比如，你以前写一篇报告可能花费了7个番茄钟，而今天的这份报告看起来更加复杂，应该不是7个番茄钟内可以完成的，那就将其分解吧。还有些小活动可能不足一个番茄钟，甚至只需要几分钟就能完成，你该如何将它们合并呢？继续看看以前的记录是否有答案吧。这些记录在预测方面永远是你最好的帮手。所以，为了让记录更有效、更有价值，你在记录的时候一定要非常认真，如实地记录。你大可不必为了显示你的工作效率高而擅自修改实际花费的时间，这份记录绝不是为了向老板求取认可，所以，任何作假都是愚蠢的做法。跟踪和记录永远只为你一个人服务。

如果你能坚持记录并使用这些记录文件，你还将发现记录带给你的其他价值。比如，在这些记录中，你发现相似的活动可能耗费的番茄时间越来越少，这或许代表着你的工作效率在不断提升，这也是令人振奋的惊喜。例如，以往你做一份报告可能需要3个番茄钟，可是，到后来记录中的数据显示你甚至仅仅用一个番茄钟就能完成了。无疑，你已经成为这方面的高手了，也许这是你的专注度提升的结果。或者，你还会发现自己的预估越来越准确了，因为不断地记录让你更加了解自己，这也大大提升了你的预估能力。

有不少人觉得番茄工作法有些复杂和烦琐，除了进行正常的工作之外，还要进行各种计划，还有工作完成之后的记录和跟踪。可是，当你真正了解了记录的价值，你便会深深地明白它的重要性，尤其是对于预测的重要性。如果你是一个番茄工作法的使用者，请认真地做好记录吧。这十分重要！

2 在计划中计算预估值

如果你已经使用了一段时间的番茄工作法，那么，你一定对番茄工作法的基本法则相当熟练了，而且也十分精通如何应对各种中断的技巧。接下来，你便可以让自己更进一步：在计划中计算预估值。这并非一项简单的工作，你需要估算出完成某项任务需要花费的番茄时间。而且，这也是一项非常重要的工作，对于任何一个选择运用番茄工作法的人来说，这都是必备的技能。在番茄工作法当中，预估和测量都是必不可少的。

在你运用番茄工作法的时候，有一件事情是你每天要做的，它绝对不是无关紧要，那就是花时间进行回顾。只有坚持做好回顾和反馈工作，你才可以知道自己的问题到底出在哪里，并针对这些问题不断进行改进。最终，你要努力将你"认为自己能做的"与"实际做到的"相对应，也就是遵守自己的承诺。总体说来，前面一节也已经讲过，跟踪和记录是番茄工作法中的测量方法。那么，怎样进行预估呢？其实，活动清单表格中的预估承诺是番茄工作法的核心。在番茄工作法的重要表格中，"今日待办任务"表格其实就是每天的承诺。一般来说，"今日待办任务"表格中的活动都是可行性很强的。而且，你在制定"今日待办任务"表格的时候，通常也认为工作的总量应当是你在一天之内能完成的。但是，事实上，经常发生的情况是，很多任务的预估时间和实际花费的时间会出现不一致的情况，显然，这能够反映出我们预估准确度较低，要么是因为预估方法不佳，要么是因为预估能力不够。不过，也不排除某些无法预料的情况导致预估失误，比如，你开始一项任务后，突然出现了各种新的情况或者新的问题，从而延误了你完成任务的时间。毕竟，人们常说，计划赶不上变化。的确，你只是普通人，不是预言家。所以，你根本就无法预言一天当中会出现哪些突发情况，会遇到哪些你无法预料到的奇葩问题。不过，这并不代表你对预估完全无计可施。其实，只要进行有效的训练和监控，你也会逐渐掌握预估的技巧，并在这方面越来越有经验。

在每天清晨，当你准备制作"今日待办任务"表格之前，也就是对当天活动做计划之前，首先要仔细检查"活动清单"表格中的每一项新活动，试着预估一下每一项活动大概需要多少番茄钟来完成。刚开始进行预估肯定是非常困难的，你可以结合之前自己完成类似活动的经验来测算自己需要花费的时间，然后将其换算为番茄钟。一开始，你不要严格要求自己的预估必须做到百分之百准确，要允许自己出错，鼓励自己大胆地进行预估，预估失误是被允许的，你无须用完美主义来要求自己。可能一开始，你预估的准确率只有百分之十，渐渐地，预估的准确率可以达到百分之三十，然后，预估的准确率进一步上升到百分之五十。只要你在不断进步，很快就会成为一个预估方面的高手。大胆尝试吧，具体如何操作呢？

首先，你要准备好一支铅笔。你可不要瞧不起小小的铅笔，它可能给你帮上大忙。因为你在进行预估的时候，很难一次就预估准确，经常需要调整和修改，用铅笔进行修改是非常方便的，拿橡皮擦擦掉之前的就可以了。你可以将自己预估的番茄钟数写在"活动清单"表格每个条目的右边。在预估的时候，你计算预估的"货币"单位是番茄钟。其实预估就是要好好计算完成某项活动需要花多少个番茄钟？比如，如果预估值为2，就代表一项活动预计从开始到完成需要花费的番茄钟个数为2个。还有一点需要注意的是，番茄钟是具有原子性的，也就是说，番茄钟是不可分割的。所以，你在进行预估的时候，是不允许使用小数的，那么，像1/3或3.5个番茄钟这样的预估值就是不应该出现的。

还有一种情况就是，你在进行预估的时候，可能有些任务比较大，需要花费的时间比较长，如3到4个小时，如果换算成番茄钟，就可能需要7个或8个番茄钟，甚至更多。像这样复杂的大任务在预估的时候难度最大，也很难预估准确。对于预估而言，活动越大就越难进行预估，准确率越低。这里有一个小技巧，就是将大的任务进行拆分，使其变成简单的任务。假如一项活动需要花费的番茄钟个数预估超过7个番茄钟，那么，这项任务就显得太复杂了，活动太大了。你需要对这项相对庞大而复杂的活动进行拆分，将其合理地拆分为多个比较小的活动。然后，你将拆开的每项小活动在"活动清单"表格中单独占一行，对每项小活动进行预估。总的来说，这种做法不仅让复杂的问题变得简单，能极大地缓解压力，而且还能让你的估测结果更加准确。大的任务被合理地分解后，任务的数目就更多了，这能使时间的价值更大化。

　　有复杂的活动自然就有简单的活动，有时候，有些简单的活动花费的时间可能就是几分钟或者十几分钟，根本就不够1个番茄钟的时间，比如，像打电话、扫地、发邮件这样的小活动往往只需要几分钟。对于这样相对简单的小活动，你在预估的时候，不是将其当成一个番茄钟来处理，而是将其预估值写为0。这并非说它要花0个番茄钟来完成，而是表示它所需要的时间是不足1个番茄钟的。对于这类活动的处理，你可以将这样的活动在"活动清单"表格中仍然各自占一行，不过，在"今日待办任务"表格中，你不是简单地将它们从"活动清单"表格中照搬照套到"今日待办任务"表格中，你可以看看哪些比较小的活动能够合并到一起，利用一个番茄钟来处理。对于这样的活动，将它们合并到一起，写在"今日待办任务"表格中的同一行，也就是将其当成一个活动进行处理。

3 如何准确地测量

在你运用番茄工作法时,也许常常会碰到这种情况。比如,一项活动完成之前,小方格已经被填满了。也就是说,原来你对这项活动进行了预估,测算出它需要若干个番茄钟。然而,真实的情况是,你安排的番茄钟都已经被用光了,而活动并没有完成,这说明你做计划时预估的番茄钟根本就不够用。这项活动剩下的任务是需要继续处理的,那么要怎么做呢?接下来,应该进行第二次预估,也就是要继续预估活动剩下的任务量需要花费的番茄钟。预估完成后,你便要在之前的小方框旁边,根据第二次预估的番茄钟数目依次画上相对应个数的圆圈。然后继续开启你的番茄钟,当每个番茄钟结束响铃的时候,你便可以继续在圆圈里画×。如果圆圈用光了,你的活动却还是没有完成,这时你便要进行第三次预估,通常这也应该是最后的预估。为了和第一次、第二次区分开来,这次预估需要换一种别的符号，比如可以用三角形来表示。你可以按照预估的数目在圆圈右方补充相应数量的三角形，继续重复之前的流程。可是，若连续预估三次仍然无法完成活动，那只能说你的预估真是有些失败，测量准确率太低。那么，到底要怎样准确地测量才能避免这种让人沮丧的现象的发生呢？

首先，你不应当因为自己屡次预估失败而感到焦虑和烦躁，对于解决问题而言，这是没有任何益处的。你要调整好自己的心态，认真地解决问题。要让自己静下心来，冷静地分析一下，为何自己一次又一次反复地低估这件事？或许，你的这个活动过于复杂，越复杂的活动，预估的准确率越低。那么，你可以尝试将整个活动拆开，将复杂的活动简单化。毕竟，活动越简单，预估的准确率就越高。所以，对活动进行拆分，尽可能地降低活动的复杂度。由于你已经运用了一段时间的番茄工作法，所以，非常清楚番茄工作法的运用流程。一个番茄钟通常是25分钟的周期；多个番茄钟组成更大的每日周期；每天早晨，你对一天的工作进行计划，制定"今日待办任务"表格，当一天的工作结束后，傍晚进行回顾；在一个番茄钟内，你将全部注意力集中在当下的番茄时间里。番茄工作法的整个流程是如此简单。可是，问题在于一天内应该计划多少活动呢？

有这么一个小故事，或许对你有一些启发：一家气象局专门耗费了巨额资金建立了一套新的天气预报系统，这套天气预报系统当中包括了所有的新技术，这也大大提升了该系统预报的准确率，其准确率能够达到70%。于是，有个聪明人突发奇想，他信心满满地来挑战这套高级的天气预报系统。他使用的方法非常简单，和这套天气预报系统的方法相比，他用的算法也并没有许多新技术，而是简单得多，叫作"昨日的天气"，内容就是"明天的天气和今天差不多"。结果令人非常惊讶，他的准确率居然和超级计算机一样高。这对于你有什么启示呢？

对未来成果进行预估，基本上属于猜测。因此，你完全可以适当地利用历史数据，假设历史会重演。这就是上面这个故事的启示。其实，这对于番茄工作法中的预估和测量是同样适用的。事实上，若你每天的成果都能够进行量化，那么，它其实就能代表未来的处理能力。前面专门讲到过记录对于预估的价值，记录的重要目的就是为了准确的预估。你可以测量每天的番茄钟数，认真做好每一个番茄中的记录，做好跟踪，并不断地对番茄钟数进行微调，使每天的番茄钟数尽可能地保持在一个平均数。

在一天的工作结束时，首先要确认已将跟踪数据准确无误地填入了"记录"表格。接下来，你便可以对预估进行记录，给表格增加两列。具体做法如下：新增的第一列，主要是用来记录今天完成的活动当中，到底有多少小方格并没有被填满。例如，如果其中一项活动被多估了3个番茄钟，就记作+3，也就是说，你可能预估这项活动需要7个番茄钟，事实上，你仅仅花了4个番茄钟就完成了。还有两项活动被高估了1个番茄钟，同样地，在后面记作+1。同时，还有一项活动被低估了2个番茄钟，将其记作−2，低估的意思是说，这个活动可能实际需要5个番茄钟，但你只预估了3个番茄钟。如果其他的活动都是刚好在预估的番茄钟内完成，那么，你就将这些高估和低估的数字相加，"今日待办任务"表格中预留的小方格比实际用量多了3个，即总体预估误差为+3。新增的第二列，主要是用来记录重新预估的次数。例如，有多少行是画圆圈的，也就是进行了二次预估。有多少行是画三角的，也就是进行了三次预估。显然，最终的目标是让这两列都归0，最好所有的活动都不用进行第二次预估和第三次预估。然而，有时候预估不准确，并不是你的预估能力或者预估方法有问题。实质上，导致预估误差的除了你自身的预估能力，还有这个瞬息万变的世界。外部不断变化的因素也会对你的预估造成影响，不可避免地带来预估误差。所以，预估的番茄钟和实际用量其实永远无法做到百分百一致，它们之间总是存在差异的。但是，不管怎样，第一列的总和应该是零，也就是说你应该努力做到让高估与低估的情况互相抵消。外部世界产生的各种新的状况既有可能降低活动的难度，也有可能增加活动的难度，那么，若从长远的角度来看，高估和低估的情况最后基本上能够相互抵消。如果能做到这一点，你的预估就已经基本合格了。

为了让你的测量更加准确，这里引入"鼓""缓冲区"和"绳子"的概念进行形象说明。"鼓"的节奏指的是你每天所完成的番茄钟的实际个数。"缓冲区"则指的是在"活动清单"表格中所有活动的预估番茄钟总数。"绳子"指的是约束信号，具体来说，它指的是控制流程，你既可以放慢步伐，也可以加快步伐。这三个概念是非常形象的比喻。在这三个概念当中，绳子是非常重要的。它的一端由你掌控，被你控制在手中，另一端则位于缓冲区内。你拉动绳子，新的活动便被你拉到了台面上。如果缓冲区变得越来越满，绳子就会松懈下来；反之，若缓冲区变空，绳子就会绷得很紧，你已经无法拽出新的活动了。一般来说，我们要避免出现极端的情况，即过剩和萧条。过剩，是由于"活动清单"表格里活动太多了。有些活动可能一直在表格里，并没有任何进展。另一种极端则为萧条，"活动清单"表格里的活动很短，可能某天拿出来甚至是空的。约束理论教你调节活动清单的大小，以避免过剩和萧条两种情况。

例如，如果你每天能够完成10个番茄钟，并且，你想要有7天的缓冲区，那么，在"活动清单"表格中的预估番茄钟总数应该在70左右。可是，如果你的"活动清单"表格中预估的番茄钟数大大超过70，此时，你就需要对活动清单进行适当地取舍；如果总数比70小得多，那么，你还可以加入更多活动。如果你的"活动清单"表格里大部分活动需要与老板或某客户打交道，则可能需要请他们协助，来清理或者填充我的活动清单。

4 依靠集体智慧"神预测"

在你运用番茄工作法的时候，你很容易发现，在番茄钟内认真地工作并不难，只需要集中精力专注于当下的活动就好了。即使出现了意外，你也能够利用正确的解决方案来解决。可是，在你每天做计划的时候，预估的确是一件不得不做又并不容易的工作。一项活动到底需要几个番茄钟呢？对于第一次做预测的人来说，这相当困难。不过，你也不能在"今日待办任务"表格里随便填入一个数字。要知道，"今日待办任务"表格实际上是你对自己的承诺，你一定要认真地对待这份承诺，这也是番茄工作法发挥威力的起点。所以，你应当用心做好预测，尽可能进行准确地预估，虽然这并不容易。除了前面所讲的预估方法外，本节将向你介绍利用集体智慧进行预测。那么，何为集体智慧呢？

这里先举个例子进行说明。詹姆斯·索罗维基在他的《百万大决定》一书中曾这样写道：在一个郡县里，人们要估算一头公牛的重量。怎样才能比较准确地估测呢？他们想到了一个方法，就是让全体社区的每一个成员对公牛的重量进行估测，然后对所有人估测的数据取一个平均数，结果他们发现，这个平均数和真实的公牛的重量非常接近，甚至是相当准确的。并且，神奇的是，这个平均数要比大多数成员各自的估测值更接近牛的真实重量。这个例子就说明了集体智慧的威力。比起一个人的智慧来，集体智慧显然厉害得多。俗话说，三个臭皮匠赛过诸葛亮。集体智慧往往会显示出让人惊叹的效果。

其实，集体智慧对于单独的个人也是同样适用的。心理学家爱德华·福欧曾对此做过一个实验，他向人们询问各种各样的琐事，并且在没有告知答题者的情况下，他在后面会重复询问前面问过的问题。结果，他注意到，对于同一个问题，一个人多次回答的平均值，要比单次猜测的结果来得正确。也就是说，实验的结果显示出，对于同一件事情，一个人做多次猜测的平均结果比单次猜测的结果更接近事实。为什么会出现这样的现象呢？认知来自统计推断。其实，你可以自己做一个小小的测试。自己回答一些琐碎的问题，让各种答案自然而然地在头脑里浮现，让答案尽可能多地冒出来。你会发现，每次你的回答都不自觉地从这些答案中选择一个。并且，所有答案的平均值最后接近完美，然而，显示出来的个体差异却是远远大于零的。这没什么好奇怪的，其实它正是向你揭示了群体的智慧的威力。不得不说，多次猜测的平均值绝对比任何单人的单次猜测都强大。

那么，这对于你运用番茄工作法有何启示呢？这当然是有帮助的，如果你懂得如何正确运用集体智慧的话。在你进行预估的时候，通常都是根据自己的能力和以往的经验进行单次预估，也就是说，对于每项活动，你往往只会预估一次。事实上，借由集体智慧的启示，你可以通过反复对情况进行重新评估，做出你自己的"百万大决定"。你一次又一次地做出新的猜测，即使没有新的情况出现。然后，你将每一次猜测的番茄钟数目做好记录，最后取一个平均值，这个平均值大多数时候都要比你所做的单次猜测更接近最后实际用到的番茄时间。这也就是你利用集体智慧的一种方式。

你在制定"今日待办任务"表格时，需要对每一项活动花费的番茄钟个数进行预估。比如，活动中有一项是完成一份报告。你之前从未写过类似的报告，到底需要多少个番茄钟自己也无法确定。那么，你可以预估两个、三个、四个、五个或者其他个数的番茄钟，然后取一个平均值，再填入表格内。不过，你在进行预估的时候，始终要牢记番茄钟的原子性，也就是说，你不能预估2.5个番茄钟或者3.3个番茄钟，这些都是不允许的。对"今日待办任务"表格内的每一项活动，你都可以进行多次预估，然后将多次预估的平均值填入预估表格，这绝对比你只是进行单次预估的结果更接近实际值。你自己也可以进行这样的实验，感受一下集体智慧的威力。当然，进行多次预估肯定会让你花费更多的时间，但是，它能帮助你提高预估的准确率，从而保证你一天的活动都能顺利进行。俗话说，磨刀不误砍柴工，花一些时间让预估尽可能准确也是值得的。

预估越准确，你的番茄时间也会进展得越顺利。所以，对一项活动进行多次猜测，最后以平均值作为最后的预估值，是提高预估准确率的非常简单的方法。

CHAPTER 6 第六章

反复检查解决方案

1 要灵活性更要有适应性

不管做任何事情，你都不能过于机械，要随时能够根据具体情况进行调整。对番茄工作法的运用亦是如此，你既要有灵活性，也要有适应性。灵活地变通，让一切为你所用。例如，如果你在工作的过程中，经常需要处理各种邮件，那么，为了避免每次收到新邮件对番茄钟造成中断，可以每天分配两个番茄钟来写回信。而对于另外一些人，他们的工作中并没有这多么邮件要处理，就不必如此处理，这就是灵活变通的一种方式。当你对番茄工作法运用了一段时间后，也许会试图调整它，比如，你可以根据自己的实际情况调整每个番茄钟的时间，或者调整休息时间的长短。其实，这也是你收集跟踪数据、做每日回顾的目的。不过，在你进行调整之前，建议你按部就班地使用常规方法一段时间，至少在两个星期内坚持使用它。即便你需要进行灵活调整，也要先让自己适应它，然后才能发现常规方法中哪里适合你、哪里不适合。接下来，你的调整才会更有针对性，也会更加有效。

调整番茄钟

如果你是番茄工作法的初学者，那么，建议你按照流程简单地使用这套方法，熟悉它的流程、法则和要点。等到你相当熟悉后，便可以根据自身的情况进行灵活调整。下面是一些灵活应变的例子，或许会对你有一些启发。1. 早晨第一个番茄钟。比如，你总是利用早晨第一个番茄钟来回复昨天下班后到今天这段时间收到的新邮件。可是你的邮件实在是太多了，一个番茄钟才25分钟，根本就不够你回复邮件。番茄钟结束了，你的邮件还没有回复完，那怎么办呢？为了不打乱你一整天的计划，你要停止回复邮件。但是，邮件总是要处理的。这时，你可以进行随机应变，在写完第一个番茄钟25分钟回信后停下来，然后，你可以在午饭回来后再安排另一个番茄钟继续写回信，或者你也可以根据实际情况安排另一个番茄钟。2. 你常常喜欢提前到办公室，甚至提前公司晨会前1个小时。那么，你可以对这1个小时进行灵活调整，利用它来做一些事情。比如，你可以自定一个40分钟的番茄钟，利用这个番茄钟来处理每天早晨的事务型工作。你可以固定安排这些早晨进行的活动，这样一来，你既不会在这段时间觉得无所事事，又高效地处理了很多事务，一举两得。当然，这个番茄钟是你灵活安排的，它和你一天当中例行安排的其他番茄钟不同，没有任何可比性。一般来说，其他的番茄钟都是25分钟。所以，很不幸的是，当你在记录阶段，这个40分钟的番茄钟不应当被记录，它只是你灵活应变随机设置的一个番茄钟。

番茄钟的长短

一个番茄钟的时间通常被定为25分钟，那么，为什么非要设置为25分钟呢？难道不能更长或者更短吗？25这个数字有什么说法吗？其实，根本就没有一个适合所有人的最佳番茄时间。也就是说，关于番茄钟的长短也是灵活的，可以调整的。但是，你首先要适应它，然后根据自己的具体情况进行调整。刚开始使用番茄时间时，要让自己适应长度为25分钟的番茄钟，坚持至少两个星期，让自己去体验它。一段时间后，如果25分钟的番茄钟让你感觉良好，那就无须调整，如果你觉得25分钟对你来说太长了，那就可以尝试将时间缩短为20分钟或者15分钟。始终要记住，决定时间长短的人是你自己。影响番茄钟长短的因素有很多。你是不是能够较长时间地专注于你的工作？你最近是不是感觉特别疲劳？你的工作内容都是什么？毫无疑问，周期越短，完成的次数就越多。在你工作的过程中，若遇到的中断比较频繁，那么最好将番茄钟的长度变得更短一点。显然，番茄钟的时间越短，你在整个番茄钟内也更容易集中注意力。反之，如果一个番茄钟的周期越长，那么休息的次数就越少。为了保证大脑得到足够的休息，每次休息的时间就要适当地延长。对于运用番茄工作法而言，你才是自己的主人，你既要能够适应番茄工作法，也要能随机应变，灵活调整，根据自己的体验和需要不断优化番茄时间的长短，从而找到最适合自己的方式。不过，在一开始，你最好还是老老实实地使用25分钟的时长，毕竟，这个时间不算很短但也不算很长。虽然，你不应该机械地运用番茄工作法，但是，你也不能过度灵活，总是频繁地修改番茄钟的长度。过犹不及，过于频繁地变动番茄钟只会破坏你的节奏。

休息的长短

在番茄工作法中，休息是非常重要的。休息是大脑能量的加油站，它既不是浪费时间，也不是可有可无的。你必须像对待番茄钟一样认真地对待休息时间。番茄工作法的规则是，每一个番茄钟后有一个短暂的休息时间，而每隔三个短休息就需要有一段较长的休息时间，不过，这些并非强制性的规定。休息时间也是灵活的，但是也不能太灵活，不是绝对随心所欲，你还是要有一定的适应性。总的来说，休息时间最终要根据你的角色和工作内容而定，比如工作的难度以及个人的状态等，都会对休息时间有影响。如果你的工作难度较大，需要消耗很多脑力，那么，你的休息时间就应当适当延长，太短的休息时间可能无法让大脑迅速恢复活力。或者，若你昨天晚上没有睡好，今天感到疲劳，也可以适当延长休息的时间，最终目的是要让你在工作的时候感觉良好。然而，休息时间并非越长越好。休息时间太长，便容易失去节奏。休息时间太短，工作质量又会下降。你必须不断实践，根据自己的体验找到一个平衡点，既要有灵活性，又要有适应性。没有规矩，就不成方圆，凡事都是如此，你应当学会维持在一个平衡的状态。总的来说，休息时间的长短取决于你的疲劳程度，休息是为了让你从疲劳中恢复。在一轮番茄时间之后，休息时间通常是15到30分钟。举例来说，如果一整天你都处于紧张状态中，那么一轮番茄时间过后，自然要休息25分钟；如果你正在解决一个很复杂的问题，那么25分钟的休息是非常必要,这能使你保持精力;如果你感觉特别疲劳,你也可以适当地加长休息时长。但是超过30分钟的休息,就有可能打乱你全天的计划,打乱番茄工作法的节奏。更为严重的是,休息越多,你反而会越觉得休息不够。

所以,番茄工作法并不是一套僵化的方法。在使用初期,你需要严格按照固定的流程使用一段时间,等越来越熟练之后,你便可以进行灵活调整,无论是番茄钟还是休息时间都是灵活变动的。记住,番茄工作法是为你服务的,你要让它适应你的节奏,你才是它的主人,它只是为你提高工作效率的工具而已。当然,前提是你要适应番茄工作法的流程。

2 寻找最合适的工具

要想顺利地运用番茄工作法，就要为自己准备最合适的工具。通常来说，一个计时器，一支铅笔，一个橡皮擦，再加上几张纸就足够了。你的工具要尽可能简单，完全没有必要去挑选那些过于精美的纸张或笔。越简单，越有效。具备了这些基本的工具之后，还需要自己制作一些工具，主要是像"活动清单"这样的表格。这是你需要反复检查并时时更新的表格。千万要注意，"活动清单"表格的内容不要被拉得太长，而且，你应当时时更新它，让它能够和实际情况相符。"活动清单"本身也只是一项工具，是为你的日常活动服务的，所以，你需要经常检查它，看看它是否符合你的实际工作。比如，如果你的"活动清单"表格有25到30项活动的空间，过了几个星期之后，你的"活动清单"表格可能看起来不那么清爽了，整张表格被塞得满满当当的。这时你就要寻找解决方案。你要反复检查那些还没有完成的活动，若你发现某些活动仍然有效，那么，你可以把这些需要继续进行的活动抄到一张新的"活动清单"表格中。那些已经完成的活动，直接删掉就可以了，这样可以让你的活动清单看起来更加清爽，你也能一眼看出自己还有多少活动需要完成。如果你想偷懒而不经常进行清理，光那一长串的活动就足够你头痛了。

也许，你习惯使用电脑，想要使用电脑软件来跟踪活动。这当然是没问题的。只是，你始终要记住，别将工具弄得太复杂。其实，你自己可以进行比较，比如，一个星期使用铅笔和纸张，另一个星期使用电脑软件，很快，你便可以发现哪种方式更加适合你。尽可能使用简单的工具，你可以任意规定符号的含义，而且立刻生效，不用等着别人来为你修改软件。一般来说，电脑软件具有很多优势，像长期保存、广泛分发、数据运算、多用户同时操作等。可惜的是，这些好处在"活动清单"中完全派不上用场，有时候反倒不如像使用一张纸那样简单有效。

不过，"活动清单"表格与"今日待办任务"表格不一定非要用两张纸。还有一种替代办法，那就是用索引卡片。这也是一项相当简单好用的方法。你可以为每项活动使用单独的索引卡片。例如，每次如果有新的活动要加入"活动清单"时，你便可以准备一张新卡片，并在卡片顶端写上活动标题。在标题下面，你还可以加上一些重要信息，像添加简图、电话号码、网站地址等。不过，这些信息是可有可无的，你只需要根据自己的实际情况进行添加。此外，你最好使用铅笔来记录这些信息，因为如果需要改动，用橡皮擦擦掉就可以了，非常方便。最后，便是进行番茄钟的预估工作了。这样，你的"活动清单"就不再是一张纸，而是一叠索引卡片了。一张卡片描述一项活动。同样地，你的"今日待办任务"表格也不再是一张纸的形式。在你每天制定"今日待办"表格的计划时，从"活动清单"里挑出你今天需要完成的活动卡片就可以了。这些卡片便是今天的承诺，形成了你的"今日待办任务"卡片叠。然后，你按照优先次序排列它们，最重要的活动放在最上面。当然，你或许能够发明更好的方式。总之，万变不离其宗，你永远可以根据自己的需要找到最佳的解决方案。

在番茄工作法的工具当中，除了纸张和笔，还有一个重要的工具，那便是番茄钟。很多人最开始使用番茄工作法的时候，总觉得咔嗒作响的番茄钟让人心烦，并想要解决这个问题。有的人会拿一块布把它盖上，觉得这样就可以让那乱人心神的声音小一些。但是，事实上，那些坚持使用番茄工作法几个月的人通常会发现，如果有一天没有咔嗒声反而不能集中精力了，因为他们已经自然而然地形成了一套专注的条件反射。还有一种情况就是，番茄钟的使用也是有局限性的，它适合一个人使用，或者两个人一起使用，对于一次多人会议，它也是适用的。然而，你却无法在一个多元化的团队里同步使用统一的番茄钟。否则，要是团队中的某个人不得不作废这个番茄钟，那其他人的番茄钟怎么办呢？其实，有各种不同的计时器可以被当作番茄钟，而且它们适用于不同的办公环境。如果你是一个有心人，并经常留意，便会发现声音、手势和视觉是可以带来好处的。比如，每次开启番茄钟的时候，你便能获得一个非常明确的信号，经过一段时间，便形成了条件反射，同时也形成了工作中的节奏感；倒数计时其实也有不少好处，因为"还剩多少时间"比"过了多少时间"有趣得多。番茄工作法始终都是为你服务的，所以，准确地了解自己的需要，选择最适合的计时器，像电脑软件、电子计时器、沙漏等，都是为你准备的选择。你不必将番茄钟放在某个隐蔽的地方，恰恰相反，你应当将它放在一个醒目的位置，如果有人看到它，便知道你正在使用番茄工作法。通常，别人会尊重你的时间，不会随便打扰你。至于番茄钟的样式，你尽可能选择自己喜欢的，选择自己钟爱的款式总比选择自己讨厌的款式更加让人愉悦。这里更强调的是番茄钟的颜色，推荐选择惹人注目的红色，它会让你的番茄钟更加醒目，难道不是吗？

在你运用番茄工作法的时候，许多细节是需要反复检查的，如果你发现有任何不妥当的地方，在遵守番茄工作法基本原则的情况下积极找到你的解决方案。没有最佳的解决方案，最适合你的就是最完美的解决方案。所以，大胆地运用你的头脑吧，尽可能将番茄工作法运用得更加完美！不同的人对于番茄工作法的体验往往是不同的，番茄工作法只是一个工具而已。记住，你才是真正的掌控者！

3 学会管理进度

平时，人们在进行工作时，总是会涉及工作进度问题。很多工作项目往往是比较复杂的，需要很长一段时间才可以完成。事实上，许多工作都是如此。所以，人们通常将这种较为复杂的工作规定为一个项目。很多人专门针对项目进度进行了研究，并产生了项目进度管理理论。

进度管理指的是在项目实施过程中，工作者对各阶段的进展程度和项目最终完成的期限所进行的管理。对于任何一项工作而言，进度管理都是至关重要的。它对于工作能否顺利完成具有重要意义。那种干到哪里算哪里的心态是绝对不行的，尤其是在当今社会，进度管理更是一项基本技能。只有学会管理进度，才会了解自己的工作进程，使工作有条不紊地进行。只有了解自己的工作进度，才能随时发现自己的问题，了解实际工作进程和计划的差距，并及时调整自己的工作进程。学会进度管理让你懂得从全局的视角来对待整个工作活动。反之，如果你不懂得管理进度，工作的时候完全没有计划，随性而为，最后通常不能如期完成任务。而且，越到后期，你会越焦虑，因为你不了解自己的工作到底进行到了哪一步。比如，你正在写一份非常复杂而重要的报告，你需要查资料，对资料进行整合，然后编写，直至最后修改完成。领导也给你规定了交报告的期限。可是，对于这份重要的报告，你竟然没有进行任何进度管理，只是随意进行，快到交报告的时间，你发现自己竟然只完成了找资料的过程。接下来，你必然会感到非常焦虑，后悔自己没有安排好工作进程。那么，接下来的工作时间对你来说将是非常痛苦的，你甚至不得不熬夜加班来完成这项任务。而且，最后就算你能如期提交报告，报告质量也可能让人不敢恭维。反之，如果你懂得如何进行进度管理，当领导给你安排了这份报告时，你便会对照领导给定的期限来规划自己的进程，甚至还能提前完成报告，绝不至于到最后陷入赶任务的焦虑中。对于任何一个人而言，学会管理进度都是最基本的。在番茄工作法中，管理进度也是非常重要的。

经常使用番茄工作法的人可能会碰到这样的现象，你发现同一项活动竟然总是出现在"今日待办任务"表格中，很长时间都得不到完成。对于这样的活动，你可以尝试制作另一种形式的"活动清单"表格，你可以给它命名为"进度表格"。这个"进度表格"要怎么制作呢？拿出一张A4纸，上面有5×5毫米的格子，左上角备注月份和你的名字。然后，沿着纸的短边，从右到左写下这个月的日期，31，30，29……一直到1，每格写一个数字。这样在左边就有大约5厘米的空白。在这里写上所有已知的活动，每个活动占一行。然后用这张"进度表格"替换掉"活动清单"。在思路方面，这张表格跟"活动清单"是一样的，不同之处在于其实现方式不同。

还有一份表格是"记录"表格，"记录"表格是用来任意记录你要跟踪的数据的，例如，你回复了几封邮件。每天早上，你选择某项活动，然后将其填入"今日待办任务"表格，同时，也在"进度表格"相应方格中画一个圈，位置在当天日期那一列，所选择的活动那一行。当一天的工作结束以后，你需要进行每天的回顾工作。在进行回顾时，如果你发现某项活动已经完成了，便在"进度表格"中对应活动的圆圈里画上一个星星或者你喜欢的任意符号。经过一段时间，若你看到"进度表格"里有许多空圈，这可能意味着你可能总是高估你自己能够兑现的承诺。又或者，如果某一项活动后面有许多空圈，说明这项活动太复杂了，即使你工作了很长时间，仍然没有完成。那么，你需要对这项活动进行分解。看到这些不太受欢迎的空圈，你是否会感到焦虑？是否因为自己没有按照计划完成活动而担忧？要知道，这种情绪上的困扰对你的工作没有任何好处，它只会降低你的工作效率。对着这些空圈，你要做些什么呢？当然是优化你的进度管理。每天给自己多安排一些工作固然是好事，但是，你最好不要让自己安排的进度超出自己的能力范围，否则，你将要承受高估自己能力的惩罚，面对心理上的挫败感和没有按期完成计划的焦虑。其次，过多的空圈也说明这项活动太复杂了，试着将其简单化，尽可能地将其分解。将一个大任务分成多个简单的小任务,然后一一完成,会让你获得心理上的轻松感。其实,这也是进度管理的一种诀窍。毫无疑问,当你看到圆圈里一个个的小星星时,会不会发现自己离完成任务的时间越来越近呢?是不是觉得剩下的工作越来越少呢?所以,对于"进度表格"中的一项活动,"今日待办任务"表格中的活动就是其对应的每一天的进度,为了把控好这个进度,你不能高估自己的能力,还要学会将复杂的活动进行分解,使其简单化。检验的标准就是"进度表格"中的空圈数量的多少,空圈数目越少越好。不过,你也不能为了避免空圈现象而过度低估自己的能力,毕竟,你还是应当合理安排工作任务,不要将活动的工作时间拉得太长。

4 末位淘汰，砍掉累赘

番茄工作法中有"活动清单"表格和"今日待办任务"表格。"今日待办任务"表格里的活动都是从"活动清单"里来的。显然，这两张表格是有区别的。你在填写"今日待办任务"表格的时候，并不是将"活动清单"里的活动按照顺序依次抄入"今日待办任务"表格。比如，有的活动虽然排在"活动清单"里比较靠后的位置，但是，它可能是非常紧急而且重要的，也许比排在第一位的活动还要重要。还有一些活动，可能重要性以及紧急程度都差不多。那么，你要怎么确定哪些活动应当填入"今日待办任务"表格呢？这里介绍一种"优先级淘汰赛"的方法。具体要怎样操作呢？

"活动清单"里所有的活动都会有一个标题，每一个活动都可以被当作一名选手，而活动的标题就是选手的名字。所有活动的标题也就组成了参赛选手的名单。同时，你还要准备许多小纸条，在每一张小纸条上写下一个活动。首先，你不必区分这些活动的重要程度，而是平等地看待所有活动，把所有的纸条排成一列。接下来，你可以将第一项和第二项进行比较。你可以问自己，如果今天只能做一件事，那么，你会做这两件中的哪一件呢？你选择今天做的那件就是赢家，而没有选择的那一件则为输家。然后，将输的一方放到左边，赢的一方拿在手里。接着，你继续从原始列中取出下一张纸条，和你握在手里的赢家继续进行比较。如此类推，一场一场比下去。赢家一直在手里，输的放到左边。直到原始列被清空，于是，你就有了整个赛季的赢家，也就是今天优先级最高的那项活动。最优先的活动是在你手中的那个。

然而，事实上，一天可以做的活动不止一项。其他的活动怎么安排呢？你仍然使用刚才的方法，左边的输家列中启动一个新的赛季。最终你所执行的赛季次数多少，要看选出的活动预估番茄钟数之和是否达到我当天能完成的工作量。最后，你将选出的几名获胜者填入"今日待办任务"表格。不得不说，你这样费了一番功夫选出来的活动的确是今天最适合完成的活动，也最符合实际的承诺。

也许有的人会觉得这个方法太笨，而且实在是太麻烦了，还非常耗费时间，不如直接对"活动清单"中的活动进行排序来得更直接，还不用花费那么多时间。然而，你可以亲自试验一下，最后你会发现，像这样对活动的重要程度进行两两比较反而更加方便，而且这样挑选出来的活动往往是最合适的。你也会惊讶地发现，在"活动清单"中一溜到底凭感觉选出来的活动，跟经过两两比较淘汰选出来的活动竟然经常是不一样的。为何会如此呢？人脑的工作记忆容量是有限的，在此处，这个原理正在悄悄地发挥作用。所以，为了让你每天安排的"今日待办任务"表格活动的优先级次序更加优化，建议你不要怕麻烦，尽量采用这种"优先级淘汰赛"的办法。

为了让番茄工作法更好地发挥作用，除了运用这种"优先级淘汰赛"的方法，还可以砍掉累赘，让工作更加高效。这里以"收件箱清零"为例进行说明。现代社会的很多工作离不开电子邮件，在你运用番茄工作法的时候，这些时不时出现的电子邮件会不会给你造成中断呢？甚至成为一种累赘呢？你不妨使用"收件箱清零"的方法，砍掉累赘。

在你分配给其他活动的番茄钟期间，虽然时不时有电子邮件进入到你的收件箱，但是，你无需动不动就看一眼电子邮件的收件箱。你还是先专注手头的工作吧。到了专门处理电子邮件的番茄时间，"收件箱清零"原则便会派上用场了。

总的来说，这个过程分为三步：（1）从顶部开始；（2）一次处理一件事；（3）不允许将事情放回收件箱。每一封邮件都是不同的，有的很好处理，可能不到一分钟就能处理完；有的可能需要很长时间。所以，在你处理邮件时，也要采取不同的行动：如果邮件非常简单，你做出答复所需的时间不超过一分钟，对于这样的邮件，立即答复就是了，立即砍掉累赘，将其从收件箱删除；若能够稍后请别人代为处理，便立即委托给别人，不要拖延，那么，这种类型的邮件便会被很快地处理掉。对于一些比较复杂的邮件，如果非你亲自处理不可，而且需要的时间比较长，你又如何砍掉这样的累赘呢？很简单，只需要将它记入"活动清单"表格，然后将邮件移入存档文件夹，先把这事儿从脑子里放下。如果你无法马上进行某项活动，因为你还需要从别人那里获取更多的信息，处理问题的方式是一样的，你只需要将问题发给那个人，并将该邮件移入存档文件夹。其实，你每次都可以这样问问自己，这封电子邮件今后还对你有帮助吗？如果你内心非常确定地知道留下这封邮件没有任何意义，那么，立即删掉它。要知道，如果你不砍掉这些累赘，总是保存着这些毫无用处的电子邮件，它们会在今后继续耗费你的精力，还会让你的收件箱看起来非常沉重，甚至会将许多重要的信息淹没。如果你能及时处理掉这些累赘，你的收件箱也会顿时清爽很多，心理上也会跟着轻松了起来。

无论是淘汰法则还是砍掉累赘的方法，其实都是提高工作效率的一些技巧而已，这些方法会帮助你将番茄工作法运用得更加顺畅。

5 可视化记录便于梳理思维

对于任何学习者或者工作者而言，在每天结束的时候，梳理思维是非常重要的一个步骤，运用番茄工作法的人亦是如此。它使你能够从整体把握当天学习或者工作的内容，从而做到心中有数，也更有利于明天的工作。既然梳理思维如此重要，那么，如何梳理思维才更加有效呢？你不妨试试思维导图。思维导图可以让你的记录变得可视化。我们先来学习一下思维导图吧。

思维导图是一项流行的全脑式学习方法，是一种图像式思维的工具以及一种利用图像式思考辅助工具。思维导图是一种将思维形象化的方法。我们知道放射性思考是人类大脑的自然思考方式，每一种进入大脑的资料，不论是感觉、记忆或是想法——如文字、数字、符码、香气、食物、线条、颜色、意象、节奏、音符等，都可以成为一个思考中心，并由此中心向外发散出成千上万的关节点。

思维导图运用图文并重的技巧，把各级主题的关系用相互隶属与相关的层级图表现出来，将主题关键词与图像、颜色等建立记忆链接。思维导图充分运用左右脑的机能，利用记忆、阅读、思维的规律，协助人们在科学与艺术、逻辑与想象之间平衡发展，从而开启人类大脑的无限潜能。

那么，思维导图和番茄工作法怎样联系起来呢？思维导图怎样让番茄工作法锦上添花呢？思维导图这个强大的工具在番茄工作法中又能发挥怎样的作用呢？在番茄工作法中，有一个必要的回顾环节。也就是说，在一天的工作时间当中，你每天需要预留一点傍晚的时间进行每日回顾。其实，你完全无须花一整个番茄钟用来回顾今天和计划明天的工作。事实上，你仅仅需要在下班前的一点时间，无论够不够一个番茄钟，都可以按照这段时间的长度来开启一个新的番茄钟，例如10分钟。在这10分钟里，你将"今日待办任务"表格纸翻过来横放，然后在大脑里像放电影一样迅速地回想一下今天的工作，在走马观花中抓住一点，就是今天所做的工作当中，哪一项最有价值？

接下来，你就可以借用思维导图这个强大的工具了。具体可以这样做：在纸面的正中央，你可以画一个简图，这个简图就表示今天的主题。你可以尝试这样问自己，我今天的主题是什么？我今天跟同事沟通最多的是什么？今天画下最多×的活动，它们的关键词是什么？我今天参加的会议有什么主题？我今天有没有使用一些新工具和新方法？问题有很多，答案也有多种可能性。尽管如此，你仍然只能选择其中之一作为今天的主题。你可以将脑海中跳出来的第一个念头作为今天的主题，也许它在某些方面确实非常突出，因而你对它的印象如此深刻。然后，绘制一些彩色的分支、小图标以及自由联想，今日的思维导图便绘制成功了。这个时候，番茄钟响铃了，你将这张带着每日思维导图的"今日待办任务"表格和往常的每日思维导图收集在一起。每月一次，在下班前对上个月的一叠思维导图进行回顾，同时也是对你的工作进行回顾。通过思维导图这种简单明了的方式，你便能轻松地获悉自己的工作进度和工作状况，对自己的工作进行整体把握。如果你是利用番茄工作法来学习，那么这种结合思维导图的方式进行回顾将会是一种非常棒的记录方式，它会提高你的学习效率，帮助你进行快速高效地复习，而且它还能帮助你快速记忆。

结合思维导图运用番茄工作法一段时间后，你会发现，你的记忆力竟然比之前变得更好。其实，记忆力是可以改善的。具体要怎样改善呢？东尼·博赞提道："有一套通用方法，那就是学习期之后或事情发生后，在短时间内做一次回顾或复习。一天后再次复习，一周后第三次复习，一个月后第四次复习，半年后第五次复习。"你每天以思维导图的方式对当天的学习或者工作做好记录，然后按照自己的节奏进行复习。直观而简洁的思维导图能够让你在很短的时间就抓住重点，轻松地回想起某些事情。每次回想某件事情时，都会使头脑记忆中对这部分的阻力减少。就像在丛林中清除障碍、开辟道路的过程，世上本没有路，走的人多了，也就成了路。思想在头脑里也需要出人头地。和明星一样，曝光次数越多，宣传机会就越多。不断重复一个重要的结论，等到真正用得着时，它就更容易被你想起来。

CHAPTER 7
第七章

帮助团队完成目标

番茄工作法

1 和他人和谐相处

众所周知，社会属性是人的基本属性，人的生活离不开集体和社会。从古至今，团队合作都必不可少。在如今的社会，团队合作更是非常重要的，基本上所有的目标都需要依靠团队的力量才能完成，仅仅依靠自己是很难顺利完成目标的。在生活中，我们需要和伴侣、家人合作；在工作中，我们需要和同事合作；在项目中，我们需要和工作伙伴合作。毫无疑问，合作的力量是强大的。人们可以在合作中进化、提升自己，获得更多的知识。其实，中国有句古话，"三个臭皮匠，顶个诸葛亮"，说的，正是团队合作的力量。

当你身处一个团队中时，一定要懂得与别人和谐相处。有时候团队的目标往往太复杂，你一个人是很难完成的。显然，一个目标越复杂，完成的过程也必然更加艰难，其中出现各种意外以及紧急情况的概率就越高，各种干扰的破坏性也越大。为了顺利完成这个

第七章 帮助团队完成目标

复杂的目标，多人合作的需求也越大，只有依靠团队的强大力量，完成目标才会变得更加容易。然而，在合作中，团队中的人数越多，工作中就越容易出现各种干扰以及拖延。为了提升团队合作的效率，就一定要学会和他人和谐相处，尤其是在团队时间管理方面。试想一下，若团队没有良好的时间管理策略，团队中的每个人都按照自己的时间进行工作，势必会导致各种矛盾的出现。毕竟，你不可能在时间上去迁就团队中的每一个人。要想在团队中和别人和谐相处，团队中的时间管理是非常重要的，必要的时间策略能实现团队成员的和谐相处，从而提升团队的合作效率。

例如，上司要求你在今天下班前一定要上交本月的销售报告。你是无法单独完成这项任务的，需要销售团队里每个成员一起协作才能完成，于是，你安排小张负责从最大的客户那里汇总反馈，小王则主要负责工作量巨大的数据分析。为了能够顺利完成工作，你为团队制定了完美的合作计划。一切准备就绪后，你开始全身心投入工作。然而，事情却并不像想象中那么顺利，一切并没有在你的掌控之中。小张没有顺利地联系到客户，但是，他却没有及时并如实地向你反映情况，你对此毫不知情，仍然在等待着小张的反馈。事实上，小张忘了向你反馈，是因为他被别的工作占据了，一时抽不开身。小王那边的情况也十分不理想，他突然遇到其他的突发紧急事情，根本就无法在下班前完成数据分析。于是，你原来的计划泡汤了。你看了一下手表，离下班的时间越来越近。上司是个脾气暴躁的人，你深深地知道，任务没有按时完成，除了无可避免地加班，还有一场恐怖的狂风暴雨在等待着你，而这些，只能由你一个人独自面对。

如果时间到了，小王和小张向你解释他们没有完成任务的原因。此刻，你是压抑自己愤怒的情绪还是将他们训斥一顿呢？然而，你内心非常清楚，无论你再怎么指责他们，这都无济于事，任务始终完不成，而且整个团队的气氛也变得非常紧张。当然，也许你再也不会信任他们了。小王和小张也觉得非常委屈，虽然没有完成任务，但是，他们并没有偷懒，他们一直都在努力地工作。那么，他们以后是否还愿意继续为你工作吗？毕竟，他们向你解释是为了获得你的理解，并不是为了你劈头盖脸的责备。即使他们是你的下属，你也应该和他们和谐相处，尊重他们。这是团队友好合作的前提。

一味地发泄情绪只能破坏整个团队的关系。你应当看到，团队中的每个成员都在努力地工作。之所以这次合作失败了，问题就出在时间管理方面。小张和小王并没有在工作中偷懒，不是吗？但是任务的失败会让你产生极大的挫败感，你无法压抑自己焦虑和愤怒的情绪，就像你必须面对上司的愤怒一样。你也许不再信任你的合作伙伴，你指责他们，他们也可能和你发生争执，冲突无可避免地发生了，整个团队的关系一团糟。

那么，怎样做才能在团队中与别人和谐相处并帮助团队达成目标呢？试试番茄工作法吧。就像上面这个例子，完全是因为时间管理策略上的失误导致任务的失败和团队成员关系的破裂。番茄工作法则为你提供了一套科学的时间管理的方法。

你相信吗？在上面那个例子中，番茄工作法能够让你在下班前准时给上司交上销售报告。而且，你的整个团队在准备这份报告的过程中将会没有任何摩擦。也就是说，你们将会愉悦、顺利地完成团队目标。这听起来是不是很神奇？是不是很有诱惑力？

事实就是如此。番茄工作法不仅适用于个人，对于团队工作也是大有裨益的。最重要的是，它能让你和他人和谐相处，维持团队的友好合作关系。在团队合作中，这是至关重要的。

在团队中使用番茄工作法是有很多好处的。比如，它可以有效减少成员之间的摩擦，减少各种不必要的会议，保护团队不受干扰，帮助团队实现目标等。这些好处当中的每一个都有助于团队成员关系的和谐。而当最后的任务能够顺利完成时，整个团队将会沉浸在合作成功的喜悦中，团队成员的关系也会越来越好。

在一个团队中，每个人都是不同的，各种矛盾和摩擦似乎在所难免。但是，团队是为了完成共同的目标而存在的。所以，在团队中与他人和谐相处并不难，只要尽可能使合作顺畅并让目标顺利完成就行了。如果每个人都能记住这个最重要的目的，一心一意为团队最后的目标而努力工作，整个团队便会非常和谐。

因此，使用番茄工作法吧，看看它是如何让你的团队运作得更顺畅的，看看它是如何为你的团队营造和谐愉悦的气氛吧。

2 让小队在团队里显神威

如果你是独自使用番茄工作法，可能会觉得它非常简单好用，事实也的确如此。可是，团队中每个人都是不同的，使用番茄时间真的会顺利吗？的确，在团队中使用番茄工作法不如个人使用起来那么简单，但是，也并不困难。

也许有的人会有这样的疑问，在团队中，每个成员都有自己的番茄时间吗？还是所有人共用同一个番茄时间呢？既不是个人也不是整个团队。正确答案是，每个小队制定和管理自己的番茄时间，即"一个小队，一个番茄时间"。这里又出现了一个新的概念。小队又是什么呢？一个小队是在某一时间里共同参与同一项活动的人。举个例子，一个三人组成的团队一起完成某个目标。如果在整个过程中，其中两个人一起做工作中的某项活动，另外一个人则单独做另外一项活动，那么，一起工作的两个人便组成了一个小队。

第七章　帮助团队完成目标

其实，不难发现，人们工作中的每项活动都是由一个个小队执行的，并不是由一个很大的团队一起来完成的。小队的人数可以是一个，也可以是很多个。根据"一个小队，一个番茄时间"的法则，每个小队都会为自己制定专门的番茄时间。

可能有的人会问，这是不是太麻烦了？如果团队中所有队员都使用一个番茄时间不是更省事吗？其实并不然，团队中的每个成员存在个体差异，而且每个小队的工作也是不同的，它决定了每个小队的休息时间可能是不同的。"休息"在番茄工作法中属于核心要素之一。它不仅是个人的加油站，也是团队的充电站。在团队工作中，如果使用统一的番茄时间，可能会导致有的成员休息时间不足，这对于团队工作的进展是非常不利的。

既然如此，让团队所有人都使用一个番茄时间的想法是完全不切实际的。你无法让所有人使用同样的休息时间，不论是每个番茄时间还是每组番茄时间之间。由于所做的工作不一样，工作的难易程度也不一样，有些小队完成一个番茄时间后，可能休息2分钟就可以马上开始下一个番茄钟了；有的小队可能因为工作难度大，需要休息5分钟才能让身心恢复到较好的状态。所以，到底要休息多久还是让每个小队自己说了算，并不能使用统一的休息时间。每个小队都是团队中一个独立的个体，每个小队都有自己的节奏，不同的小队执行不同的任务，小队的成员不同，成员之间的互动方式也完全不同。只有小队成员才知道自己需要休息多久后才能开始下一个番茄时间。

你可以想象一下，整个团队使用同一个定时器。那么，每个小队都会在同一时间开始，同一时间结束。这种"同步番茄工作法"

看起来不错,也很好控制,然而,它很可能让许多小队没有休息好就不得不开启下一个番茄钟,以疲惫的状态开始新的工作,也无法和其他队员有效地互动。而且,若所有小队都使用"同步番茄工作法",如果其中一个小队遇到干扰怎么办呢?比如,第一小队被一个紧急电话干扰,是不是需要让其他小队都停下来并作废整个队伍的番茄时间呢?显然,这种做法是非常不明智的。

也许你会说,团队中有些活动的确需要所有成员一起参与,比如说,需要所有人都参加的会议?每个小队的番茄钟时长是由每个小队自己决定的,休息时间也是由每个小队自行决定。可是,个体始终应当服从整体,团队时间表的优先级一定高于番茄时间表。因此,无论每个小队的番茄时间还剩多少分钟,如果到了团队统一活动的时间,小队的这个番茄钟只能作废。

另外,小队毕竟不同于个人,小队中往往有多个成员。那么,在使用番茄工作法的时候,还要做到分工明确。比如,小队的定时器由谁来设置,谁来进行番茄钟的预估,番茄时间由谁记录等事宜,都要在小队内进行明确。每个小队都有一个专门的负责人,这个负责人需要负责以下活动,并做决定:

设置定时器——用行动开始番茄时间。

决定番茄时间表的结构——如何使用番茄时间的第一个和最后一个五分钟。

每个番茄时间结束后在"今日待办任务"工作表上画"×"。

在干扰出现的时候决定如何处理它们。

第七章　帮助团队完成目标

决定休息时长，记住每个小队成员的需求。

记录一天下来所负责的小队完成的番茄时间。

接下来的问题是，番茄工作法中涉及许多表格，像"今日待办任务"表、"活动清单"表、"记录表"等，小队要怎样使用呢？这当然和个人使用番茄工作法是有区别的，你需要适当地进行调整，才能让这些威力巨大的工作表在小队发挥作用。

首先，来看看"今日待办任务"工作表如何调整吧。作为小队的负责人，需要做的就是在这张表格上将自己带领的小队成员的名字加上去。这非常简单，不是吗？接着，看看"记录表"如何调整。在团队工作中，"记录表"非常清楚地显示了预测的番茄钟数和真正使用的番茄时间。在一天的工作结束之后，每个小队的负责人只需要将每项活动花费的时间如实地填入这张表就行了。最后，就是"活动清单"的调整工作了。"活动清单"应当根据团队活动进行以下简单的调整：添加一栏活动负责人；在预测栏中写清楚，一个小队有几个人，需花多少时间完成某项任务。预测任务则是由小队的负责人来完成的。

经过一段时间的操练，你会发现让小队成为团队的基本单位是非常容易操作的，也更有利于番茄工作法的运作。所以，对于团队来说，小队是非常重要的。而且，将团队划分成几个小队并不是一件很难的事情，根据工作任务的不同来划分是最合理的方式。不过要记住，两人组合是最佳的小队模式，三个人也可以，但是不建议更多的人，否则，番茄工作法在运作过程中会出现很多困难。

3 准确把握互动节奏

在你没有运用番茄工作法之前,节奏和工作几乎是毫不相关的。可是,在番茄工作法中,节奏却是其中非常重要的一个环节,也是番茄工作法的一大特色。而且,番茄工作法中的节奏是受休息时间长短控制的。

在你开始番茄钟之前,需要做好心理准备。当然,如果只是你一个人使用番茄钟,那是很简单的,节奏也很容易把握,你可以根据自己的实际情况进行调节。等你将一切准备妥当之后,就开启你的番茄钟吧,去适应并享受番茄工作法带给你的节奏感。

可是,很多时候,你并不是一个人在工作,有时候你需要跟别人一起合作,比如,在一个小队中,两个人一起合作某个项目。如果是两个人同步使用番茄钟,那就没那么简单了。在开启番茄钟之前,你必须等两个人都准备妥当才行。这不是你等我、我等你的问题，准备状态是你们自己说了算的。当番茄钟的铃声响起，就代表着上一个番茄钟已经结束了，你们已经进入休息时间。那么，到底要休息多长时间呢？因为是两个人一起工作，这时，你们要协商休息时间，在节奏上同步，这样才能共同开启下一个番茄钟。为了准确地把握互动节奏，协商是非常重要的。你们两人可以彼此告诉对方：

我休息时做些什么；
估计需要多长时间。

其实，具体做些什么倒是无关紧要的。你更应该在意的是搭档需要的休息时间的长短，尽可能做到心中有数。当然，即便你预估对方的休息时间和实际的不同，这也不是什么天大的事情。重要的是，你们能在开启下一个番茄钟的时候做到同步，这才是关键点。例如，你的搭档会告诉你："我得打个电话，大概5分钟。"这样，你便大概知道，你们这次的休息时间应该在5分钟以上。

那么，什么时候才能开启下一个番茄钟呢？你怎么知道你的搭档已经准备好了呢？怎样让你们的节奏感完全一致呢？答案非常简单。只有你们两个人都进行授权委托，才能开始新的番茄钟。如果授权不完整，从休息状态过渡到工作状态就是不合法的，这看起来太过认真了。事实上，越严格，对你的工作越有利。不过，这种授权既可以是正式的，也可以是非正式的，其目的是准确地把握互动节奏。比如，有一种非常简单的授权方式，你可以直接问你的搭档："准备好了吗？我们现在可以开启番茄钟了吗？"如果对方的答案是肯定的，那就别再等了，立即扭启番茄钟吧；如果对方的答案是否定的，你只能等待，直到你的搭档完全准备好为止。这种方法是最简单的也是最直接的。还有一种方法便是摆放个人令牌，这种方法也是非常有效的，而且也十分有趣。每个团队成员可以选择自己钟爱的小物件。每次开启番茄钟时，你和搭档只需要将这些小物件摆放在桌面上比较醒目的位置就好。当番茄钟响起，你们要准备进入休息时间了，就将小物件从桌面上撤走吧，这样就避免了许多语言上的交流，特别适合需要安静的工作环境。如果你或者你的搭档不喜欢使用小物件，比如你们都是比较严肃的人，不愿意在办公室摆放这种幼稚的玩意儿。没关系，那就用你的手机，将它当作令牌。操练一段时间后，你便会自然地形成条件反射！当手机出现在桌面上时，你便会很自觉地进入工作状态。让条件反射自然地发挥作用吧。这完美地解决了休息时间的问题。

可是，在双人配搭工作中，要实现节奏一致，番茄钟的周期需要进行调整吗？可能两个人对番茄工作法的运用时间不一样，专注度也不一样，那番茄钟的周期需要适当地延长或者缩短吗？都不要。最开始，还是老老实实地遵循25分钟的法则吧，坚持至少一个星期，看看你和搭档是否能在这一星期内表现出完美的节奏感。一段时间后，如果你们两个人都觉得25分钟太短或者太长了，那么，你们两个人可以协商使用另外一种时长，坚持使用至少一个星期吧。番茄钟的长短并没有固定的时长，短有短的好处，长有长的好处，但是，不可避免地，它们也有各自的缺点。如果番茄钟时间太

第七章　帮助团队完成目标

短，就会展示出更多的流程形式，而不是实际的工作成果。如果番茄钟时间太长，你很难让自己在这个番茄钟内保持较高的专注度，也更难把一天分成几个小的阶段性进展。而且，番茄钟如果太长，你和搭档之间的沟通就不那么容易了。另外，你很容易发现，闲扯也是需要时间成本的。然而，番茄工作法的重点在于在每个番茄钟积累一定的工作成果。所以，当你和搭档一起工作时，一定要在番茄钟的长短方面达成共识，事实上，经过一段时间的磨合，你们最终一定可以找到一个适合彼此的番茄钟。而且，你们不能频繁改变番茄钟长度，否则番茄钟数就不能作为用功的指标了。你可以试想一下，如果在周一用25分钟番茄钟，周二用40分钟番茄钟，周三又用20分钟番茄钟，每天的番茄钟时间都不同的话，那你要怎样比较每天所花的工夫呢？后续又怎样进行跟踪和记录呢？所以，番茄钟的时长应该经常固定使用一段时间，再根据具体的状况进行调整。不过，并不是说一定要坚持使用25分钟，它也并不是一个具有魔法的数字，然而，建议你和搭档先尝试使用这个数字吧，至少坚持一个星期吧。如果你和搭档想挑战其他时长的番茄钟，那就商量另外一个数字吧，但也至少坚持使用一到两个星期，千万不要今天一个数字，明天一个数字。记住，番茄工作法要发挥效用的前提是你要尊重它的原则。

4 打造团队的专属柜台

在现代社会中,和个人相比,很多工作往往需要以团队的方式进行。虽然团队合作的优势是显而易见的,但是和个人单独工作相比,团队也经常出现各种问题,比如,团队的工作经常无法如期完成、出现预测错误、面临巨大的压力、失去管理层或客户的信任……有时候,工作任务实在太过复杂,仅仅依靠小队是无法完成的,还有各种来自同事和客户的干扰,这让本来就十分艰难的工作变得举步维艰。所有不受欢迎的情况都有可能发生,各种各样的干扰无休无止,即使团队的计划再完美也阻挡不了这些干扰。任何侥幸的心理都是不切实际的。如果整个环境令人沮丧而且充满压力,团队成员的情绪会更加低落,工作效率低下,整个团队的工作进展缓慢,甚至停滞不前。

团队中经常会出现一些不受欢迎的小插曲,你永远不知道这些插曲会在什么时候会出现，不知道它会是怎样一个让人烦扰的事故。你唯一能够做的，就是寻找一种方法来帮助团队解决和避免各种问题。幸运的是，番茄工作法在解决团队问题方面很有优势。那么，番茄工作法到底是如何帮助一个团队处理复杂情况、排除各种干扰和突破瓶颈的呢？

对于任何一个团队而言，遭遇干扰简直就是家常便饭，让人防不胜防。更让人遗憾的是，干扰更是团队中发生的成本最高的问题之一。有时候，为了处理一个干扰，整个团队的工作都会因此受到影响，甚至停滞不前，这实在让人沮丧。试着想象一下，当团队的每个成员都齐心协力地为着同一个目标努力的时候，各种各样的干扰从四面八方汹涌而来。有时候是同事需要帮助，有时候是客户需要答复，有时候是供应商突然到访，有时候则是经理需要了解情况……这些干扰总是无穷无尽，你永远不知道它什么时候会来。而且，没有人愿意等到团队工作结束才得到回复。他们才不在乎自己是否对团队造成了干扰，在他们看来，自己的工作是非常重要的，也是很迫切的。于是，团队成员不得不一次又一次放下手头的工作，来处理这些干扰，整个团队的工作效率很难不受影响，目标也很难实现。对于这些干扰，番茄工作法的升级版本——柜台工作法是相当有效的。该方法的具体操作流程如下：

1. 专门打造一个实体屏障或柜台，隔绝外界进入小团队的工作区域。这支队伍不能够被寻求帮助的人看到，或者说，它是隐蔽的，在幕后运作。这支队伍也可以被称为"幕后小队"。

2. 打造"柜台团队"。这是一支或者超过一支的小队，"柜台团队"主要负责应付前来寻求支援的人和他们的请求。这个小分队最理想的规模就是两人一组，在前台工作。

虽然回应顾客的需求并不是一项很难的工作，也许一个人就足以应付了。然而，为了更好地为顾客服务，让顾客满意并避免各种错误，柜台小队以两人为一组是比较合适的，这也是利用团队合作的优势。

3. 制定咨询时间表，这份时间表的目的是让人们知道几点可以到柜台处寻求帮助，并得到守在柜台处的团队的回应。

4. 在时间表上清楚地标明，幕后小队在什么时间向柜台的小队提供支持，帮助柜台处理其无法解决的问题。为了精准地了解顾客的需求，幕后小队和柜台小队应该专门腾出时间，请柜台小队帮忙解释他们所收到的请求。

5. 安排好番茄轮换次数。通常，任务负责人保持不变，幕后小队的其他成员和柜台小队的成员依次进行轮换。两队轮换的频率通常为每4个或每8个番茄时间一次，或者一天一次。队员的可互换性越高，他们在番茄时间轮换的经历也就越多，整体轮换的频率也就越高。

当人们到柜台进行请求时，通常可能出现下面三种情况：

1. 柜台的工作人员完全知道怎样处理这些请求，并能够马上解决问题。对于这种情况，由柜台工作人员立即处理这些问题就可以了。一般来说，这类请求都比较简单。

2. 柜台的工作人员十分清楚如何处理这些请求，可是他们并不能马上解决这些问题，而是需要花费一些时间。如果是这种情况，柜台工作人员可以先记录这些请求，大概估测处理这些请求需要耗费的时间，并告诉请求者他将收到答复的时间。

3. 客户的请求看起来有些麻烦，柜台人员无法马上估算出解决问题的时间，甚至不知道怎样解决这个问题，也就是说，客户的请求超出了柜台工作人员的能力范围。如果是这种情况。柜台小队的成员会先将客户的请求进行记录，然后将问题移交给幕后小队，幕后小队会根据时间表的安排来逐一处理这些请求，处理完之后，便将结果告知柜台人员，然后由柜台人员来答复客户。

在番茄工作法中，柜台工作法主要是利用柜台的形式来帮助团队处理各种干扰和问题，使整个团队能够集中精力完成目标，不至于被这些干扰拖后腿。也就是说，柜台工作法主要是用来对治各种干扰的。不难看出，柜台工作法还是有很多优势的：

1. 双赢局面，团队的工作顺利进行，各种干扰得到有效处理。通过柜台工作法，各种请求得到及时有效地处理，这让客户感到满意。同时，团队的其他成员不会被这些干扰打断，能够一心一意地努力完成目标。

2. 共享知识。对于柜台工作人员来说，无论是解决问题还是对客户的求助进行回应，都可以让你更快地了解系统或者产品，从而实现知识共享，提升自身的专业水平。

3. 发现程序或者产品方面的瑕疵。经常了解并处理客户的需求是提升团队的好机会。

柜台工作法也是有缺点的，这个唯一的缺点便是幕后小队成员可能需要花更长的时间才可以完成任务，这是因为幕后成员要依次和柜台成员进行轮换。

　　这种方法有效地保护了团队不受干扰，减少了处理干扰需要的时间，工作效率往往更高。有时候，并不是人越多，工作效率就更高。柜台工作方法就证明了这一点。比如，六个人的团队在不受干扰的环境下完成目标所花费的时间绝对比八个人的团队在频受干扰的环境中完成任务所用的时间要少，所以，专门安排几个人处理干扰是非常明智的做法。当不受干扰时，团队的所有精力都放在眼前的工作任务上，目标便能有效达成。

5 黑客松工作法

团队在运用番茄工作法的过程中，除了会遇到许多干扰，也经常会陷入各种工作瓶颈。当然，这种工作瓶颈通常是针对某个小队而言，但是，它却能对整个团队造成很大的影响。比如，有时小队负责解决一个任务，可是，这个任务不仅相当复杂，难度较大，并且还需要进行大量的研究，充斥着极大的不确定性。更要命的是，这项任务如果不及时完成，极有可能成为团队的瓶颈，使整个团队的工作停滞不前。如果遇到这种情况，番茄工作法中的"黑客松"能大显神威。

"黑客松"这个词产生于20世纪90年代，它是由"黑客"和"马拉松"两个词结合而成的。一提到"黑客"，你是否会第一时间想到非法侵入电脑系统数据库的行为？但是，在这里，它并不是这个意思。这里的"黑客"指的是通过持续不断的努力最后找到问题的解决方法的一个过程。马拉松,是一种长跑比赛项目。在这里,它则指的是人们为了解决同一个问题进行的一场比赛。黑客松这种方法是相当不错的,最终,你找到的解决办法可能从设计层面来看并不惊艳,但是,它却是相当有效的。黑客松一般会持续数个小时或者很多天,周末往往是举行"黑客松"活动的最佳时机。人们热衷于在周末举行这种有趣的活动。通常,黑客松都有一个挑战,例如,设计具有开创性的电子游戏,突破技术极限来提高职场健康和任务,或者是找到富有创意的点子来帮助一个城市提高流动性,诸如此类。番茄工作法中的"黑客松"与此类似,它是番茄工作法的其中一种灵活运用方法。

那么,神秘的番茄黑客松工作法是如何来解决小队那些复杂而不寻常的任务的呢?对于那些相当有难度的任务,番茄黑客松工作法常常能够让团队在最短的时间内获得几个解决方法,然后让团队从中选择一个方法,最后顺利解决工作瓶颈。这个方法具体如下:

1. 首先,番茄黑客松的参与者可以是团队所有的人,也可以是其中一部分队员。因为通常参与的人数比较多,自然需要比较大的空间才能容纳这么多人。所以,一个很大的房间是必须的,并且,要尽量在这个房间里营造一种良好的活动氛围。

2. 选出一个裁判。有些小队很难完成关键任务,也就是那些工作遇到困难的小队,这样的小队是出任裁判的最佳人选。当然,这些小队的成员也是可以参加番茄黑客松的。在其他时候,裁判也可以是团队以外的人,像顾客、用户或者经理等都可以成为黑客松的裁判。有时候,裁判还可以是整个队来担任。所以,裁判的人选是非常灵活的，要根据具体情况来确定。

3. 设置时间箱。时间箱主要是代表番茄时间的数量，这个时间可以根据自己的经验来确定，也许是3个番茄时间，也许是5个番茄时间。番茄黑客松的时长一般是根据具体情况来确定的。确切地说，这个时长和问题的复杂性以及紧急性有很大关系，最少需要一个番茄时间。在设置时间箱时，一定要非常清楚地说明给出解决方法的截止时间是多少个番茄时间之后。比如，你定下截止时间为2个番茄时间结束，那么，2个番茄时间结束后，黑客松也就结束了。

4. 让参加黑客松的成员自行组织小队，挑选合适的成员来一起完成这项艰巨的任务。小队的人数也不是固定的，而是根据挑战的类型和任务的复杂程度来确定。通常，两人组一个小队是非常受欢迎的模式，这样的小队既灵活又方便管理。许多案例证明，两个人组成的小队小巧灵活，而且相当有效。除此之外，队员之间的互通性也是非常重要的，它也具有决定性意义。例如，若黑客松的主题为"为我们的博客设计新版面"，如果要求专业化，你就需要各个方面的专业人才，换句话说，只有专业化的团队才能满足专业化的要求，像专业的商业分析师、平面设计师、广告文案策划都是必备人选。但是，如果你并不要求专业化，在组队时就会容易得多，没有那么多限制，选择更多，也更加自由。所以，组队是根据实际情况来确定的。在组队方面，不必过于刻板，不妨大胆一点，经常鼓励队员自行组队，或者试着创造出独特的小队，让平时工作中没有交集的人组成一个队伍。的确，和经常一起工作的人组成小队似乎更安全，然而，偶尔打破这种习惯吧，也许你会有意想不到的收获呢。

5. 给参加黑客松的所有小队安排相同的任务。也就是说，所有的小队都在为同一个任务而努力，他们需要在相同的时间内攻克同一个难题。每个小队的解决方案可能都是不同的，因此，最后必定会有一个最佳解决方案。

6. 给参与黑客松的小队上定时器。在每个番茄时间内，你可以经常进行时间提示，比如在第一个5分钟过去的时候进行提示，或者在半个番茄时间结束的时候进行提示，又或者在最后5分钟时进行提示。要注意的是，即使是为了解决问题，休息时间也是必不可少的。参加番茄黑客松的队员也需要休息，让他们不停地工作并不是明智的做法。为了让他们始终保持充沛的精力，他们必须在每个番茄时间后进行充分的休息。

7. 宣布最后的胜利者。当黑客松时间结束时，各个小队此时都有了自己的解决方案。这时，由裁判对各个小队给出的解决方案进行评估，并从中挑选出最佳的解决方案。需要注意的是，裁判在评选的时候也应当遵循番茄时间。也可以让全体参与者都来担任裁判。可以设置两个番茄时间，评选的第一个番茄时间是属于成果展示时间，每个小队向所有成员展示自己的研究成果；第二个番茄时间则是投票时间，所有人对解决方案进行投票，票数最多的即为最佳的解决方案。

不过，这并不是说黑客松在这方面是万能的，也不能保证每次番茄黑客松都能顺利解决问题。它也有失效的时候，有时候也可能出现这样一种情形，就是在规定的番茄时间内，并没有找到有效的解决方法，因为这个工作实在太难了。没关系，继续下一轮黑客松就行了。但是，还是先让参加的人先好好休息一下吧，等大脑能量充足了再开始也不晚。

现在，你大概明白了，当一个小队遇到非常棘手的任务时，番茄黑客松非常有可能让团队迅速找到解决方案，而不至于因为这一个突然出现的难题让整个团队的工作瘫痪。为了解决问题，付出一些代价当然是必不可少的，你必须根据任务的难度专门设计几个番茄时间来处理这个难题。另外，当大家都在进行番茄黑客松的时候，团队目前的工作只能暂时放一放。只是，你是以一种更积极的态度应对这种暂时的停滞状态。遇到问题就积极解决，还有比这更好更简单的方式吗？这也会让整个团队一直保持在积极的状态，而不至于因为这个难题让大家陷入焦虑烦躁等各种负面情绪当中。更重要的是，整个团队都在一起积极解决这个难题，在集体智慧面前，还有什么难题是无法攻破的呢？还有什么难题可以成为团队的瓶颈呢？

所以，当任何一个小队遇到难度大的任务时，不要让它成为瓶颈，别忘了番茄黑客松工作法！在大多数时候，它都是非常有效的。

6 用破城槌打破瓶颈

在进行团队工作的时候，有时还会出现这样一种情形：假定整个团队被分成四支小队，每一个小队由两人组成，各自负责不同的任务。两人当中有一人为小队的负责人。小队1的任务叫作任务1，小队2的任务叫作任务2，小队3的任务叫作任务3，小队4的任务叫作任务4。假设任务1非常复杂，难度非常大，尽管小队1的两个成员使尽了全力，却毫无进展，很难突破难关。更麻烦的是，任务1的进展情况是整个团队的终极目标能够顺利达成的关键所在，若任务1失败了，它最终会变成其他小队的瓶颈。没有选择，没有退路，尽管任务1非常艰难，小队1仍然必须要完成它，否则，整个团队都将失败。麻烦就在于，此时其他三个小队也无法对小队1进行援助，其他小队也正努力做着自己手头的工作，为自己的目标而努力，他们的工作也是不能被中断的，无法对小队1进行支援。小队1一次又一次地尝试，每次都以失败告终。难道小队1的这项任务真的是整个团队都无法突破的瓶颈吗？

情况并没有这么糟糕，番茄工作法中的破城槌工作法便是这种问题的克星。

破城槌，顾名思义，它是用来破城的。其实，它就是一种战争工具的名字，它的外形非常简单，破坏力却非常惊人。从外形来看，不过是一根普普通通的木桩，一端被形状像公羊头的铜器包住，便成了破城槌。你可别小看这个简单的工具，要知道，在古罗马时期，几乎没有防御工事能抵御住它，任何高墙都不行。在番茄工作法中，"高墙"就是看起来攻克不了的难题，它让你很难实现目标。破城槌则是人们创造和运用各种各样解决方案的能力。你可以想象，每一个尝试解决问题的想法就好像破城槌在对城墙进行撞击一样。当你感觉在城墙面前受阻，尽可能地和别人的观点碰撞吧，在思维火花中，也许就有解决问题的新点子出现。显然，和别人的观点碰撞的次数多了，那堵给你造成阻碍的难题终将被攻破，最终能够实现目标。

破城槌能够让团队运用所有成员的经验完成某项任务，同样是运用集体智慧的力量。然而，和番茄黑客松方法不同的是，这种方法还能让一切按照原来的计划顺利进行，丝毫不受干扰，这也是它更加独特的地方。破城槌工作法能够保证任务准时完成，不会因为小队1的难题而让整个团队停下来，不会出现任何小队造成的瓶颈问题。现在，就来了解一下番茄工作法中神秘的破城槌工作法吧。看看它是如何拯救小队1于水火之中的。

1. 陷入困境的小队1的负责人向其他的小队请求支援，简要地向其他小队说明问题，让其他小队了解情况。

2. 显然，相对于其他小队而言，小队1的求援便相当于一种外部干扰。但是，这种干扰如果不解决的话，自己也无法完成最终目标。在这种形势下，其他小队的负责人只能同意自己的队员和小队1进行人员调转，以这种方式进行援助，同时又让自己小队的工作能够顺利进行。先由小队2的一个成员替换小队1的一个人，在下一个番茄时间开启之前，小队3的人去替换之前小队2的人，而小队4在两个番茄时间后去替换小队3的人，就这样进行轮换。

3. 认真考虑问题的复杂程度，仔细衡量每个小队的时间安排，然后，小队1的负责人根据这两个因素制定一张轮换表，并记下轮换队员的名字，这些队员变成小队1的新成员，和小队1的负责人继续一起工作。

4. 接着，轮换表被交到其他小队手上，所有小队都维持2个成员的状态，不过其中一个人会在小队1中进出一次。在每个番茄时间，小组合作成员都是不同的，每个人的经验不同，每个人的智慧也不同，每个人的智慧就好比破城槌在发挥威力。在每个番茄时间，破城槌越碰撞越猛烈，直到最后，难题终于被攻破了，这也正是集体智慧的威力。

5. 在每一个番茄时间里，小队1的负责人继续攻克难题，和新的队员合作，一直到这个番茄时间结束。在番茄时间的头5分钟，小队1的一个成员向新加入的成员解释问题出在哪里。在番茄时间的最后5分钟，小队1的同一个成员则向新成员询问反馈。

若第一个番茄工作时间已经结束了，但是难题仍然没有攻克，仍然没有找到解决方案。那么，小队1的负责人保持不变，和轮换表上的下一个轮接者一起继续工作。如果在限定的时间内，问题仍然没有得到解决，就再来一轮破城槌吧。

当然，最理想的情况便是，不管是求援还是任何干扰都能得到非常有效地处理。当难题出现后，该小队的负责人应当能够向其他小队将问题解释清楚，同时尽可能在较短的时间内排出轮换顺序。这样的话，别的小队仍然可以不受干扰地继续原来的工作，使原来的工作能够顺利进行。不过，若小队1向其他小队发出请求的这项干扰并未得到很好的处理，小队1负责人的轮换表也没有在30秒内制做好，那么，所有任务负责人都必须将各自的番茄时间作废。

破城槌方法的优势体现在三个方面：

1. 一支小队如果碰到问题，它便成了团队整体的攻克目标，需要利用整个团队的力量进行解决。碰到问题的小队的负责人可以利用其他队员的经验和智慧来解决问题，而不是孤军奋战。其实，每个人的经验和智慧就相当于破城槌。

2. 在这个过程中，其他小队的工作进度不受任何影响，继续他们的任务就可以了，这也是破城槌工作法的迷人之处。

3. 这些小队的负责人也可从轮换来的新成员中不断学习新的知识，每个人的工作能力和工作经验以及知识都是不同的，当成员不停地轮换，他也会展示他的知识，小队的负责人也有机会向新的成员学习新的知识、新的经验以及新的方法。这些都会让小队的负责人受益良多。

不过，破城槌方法也有其弊端，因为每个小队的成员组合会不停地受到干扰。当一个新的成员加入任何一个小队时，这个成员需要花一些时间了解这个小队的任务，然后才能开始工作，这显然不如一个小队永远是固定的两个人更加顺利。但是，从总体来看，为了帮助整个团队解决工作瓶颈，破城槌的方法还是利大于弊的。

后　记

　　番茄工作法是简单易行的时间管理方法，虽然简单，却功效强大，能让你的工作效率大大提升。

　　番茄工作法是弗朗西斯科·西里洛在1992年创立的一种更微观的时间管理方法。在番茄工作法的短短25分钟内，人们收获的不仅仅是效率的提升，还会有让意想不到的成就感。

　　认真实践番茄工作法的人通常都会有或多或少的改变，甚至有的人说，番茄工作法完全改变了他们的人生。

　　在互联网时代，人们的注意力变得非常宝贵。微博、朋友圈、各种娱乐平台都在瓜分着人们的注意力。哪怕在工作、学习的时候，人们也习惯这样做。人们的专注力变得越来越差，很多人连在25分钟内保持专注都很难做到。不过，坚持使用番茄工作法一段时间，便能轻而易举地做到在一个番茄钟内保持专注。

　　番茄工作法是极容易提升效率的一种时间管理方法。一天中一个个短短的25分钟，便会累积成许多高效的时间段。即使每天只完成了十几个番茄钟，人们也会感觉效率比以前大大提升。这是因为，人们在每一个25分钟内做的事情更多，效率更高。它使得人们花更少的时间完成了比以前更多的事情。

很多人在使用番茄工作法之前容易陷入一种困境：每天似乎都很忙，但是，一天下来，却总觉得自己什么都没干。结果，一天天就这样浪费了，让人感觉非常糟糕。然而，只要坚持使用番茄工作法一段时间，人们都会非常清晰地知道自己每天花的时间在哪里，完成的事情有哪些，清清楚楚，明明白白。看到自己完成的事情后，内心会升起一种成就感，不像以前总是瞎忙。而且，人们还会感到特别充实，变得更加自信，以至于更加喜爱番茄工作法，形成良性循环。

番茄工作法还有助于缓解焦虑。以往，人们做事的时候，一般不会记录时间，不想做了就停下来，但内心对没有完成的事情还是会有焦虑。使用番茄工作法后，人们做事的时候劳逸结合，对于事情的安排心中有数，循序渐进，焦虑感也会大大降低。

所以说，番茄工作法是非常适合现代人的一种工作、学习方法。在这个信息爆炸的时代，人们每天都要接收大量的信息，时间也变得碎片化。如何提升人们在这些碎片化时间内的效率？这个问题从番茄工作法中就能找到完美的解决之道。